있는 공간, 없는 공간

※일러두기

1. 본문에 등장하는 인명이나 지명은 국립국어원의 외래어 표기법을 따랐습니다.
   단, 일부 굳어진 것들은 범용적으로 사용하는 명칭을 사용했습니다.
2. 내용상의 건축물명은 ' '로, 영화, 미술품 등의 제목은 〈 〉로 표기했습니다.

대한민국 1등 핫플레이스의 법칙

있는 없는 공간

유정수 지음

쌤앤파커스

인기 있는 힙플레이스의 이면에는 무엇이 있을까

휴일이 되었다. 모처럼 밖에 나가 좋은 시간을 보내고 싶다. 요즘 뜬다는 가게에 한 번 가볼까 하던 찰나에 최근 인스타그램에 자주 올라오던 카페가 생각난다. 설레는 맘으로 찾아갔더니 과연 눈요기할 것도 많고 색다른 느낌이 있어 좋다. 오랜만에 누리는 나를 위한 시간이니 제대로 즐기기 위해 괜찮은 디저트도 하나 시키고, 매장 내부에 돌아가는 풍차가 있어 짧은 동영상으로 찍어 스토리에 올린다. 몇 분 지나지 않아 '좋아요'가 몇 개 찍히고, 여기가 어딘지 물어보는 DM이 날아온다. 이 정도면 시간을 투자한 보람도 있고, 괜찮은 휴일을 보낸 기분이다.

　이렇듯 휴일을 맞아 시간을 쪼갠 사람들에게 선택되는 매장이 있는 반면, 아쉽게도 선택되지 못하는 매장이 있다. 그렇다면 많은 사람들에게 선택되는 장소에는 어떤 비밀이 숨어 있을까? 오프라인 상업 공간을 운영하는 사람들에게 이것은 초미의 관심사다. 고객의 입장에서는 여러 가게들 중에 마침 오늘 가보고 싶어 선택했을 뿐이지만, 사업장을 운영하는 입장에서는 내 공간이 고객의 선택을 받지 못할 경우 매장의 생존을 기대할 수 없기 때문이다.

이 책은 오프라인 공간, 그중에서도 상업 공간이 앞으로 어떤 형태를 띠게 될 것인지, 그것들을 관통하는 법칙에 어떤 것들이 있는지를 다룬다. 공간을 이용하는 사람의 입장에서는 내가 느낀 좋은 장소에 숨은 요소들을 새롭게 발견하는 기회가 될 것이고, 공간을 기획하고 만드는 사람의 입장에서는 내 장소에 어떻게 하면 사람들이 많이 올 수 있는지 고민하고 알아가는 기회가 될 것이다.

'글로우서울(Glow Seoul)'은 공간의 미래에 주목하여 공간을 제작하고 솔루션을 만들고 브랜드를 기획하는 기업이다. 그 기업의 대표로 있으면서 많은 오프라인 공간이 성공하고 실패하는 것을 보았다. 감사하게도 그 가운데 많은 공간들을 선택되는 장소로 만들어낸 입장에서, 어떤 공간이 지금까지 살아남았고 앞으로 살아남을 수 있겠으며, 그렇게 살아남는 공간들이 서로 어떤 공통점을 가지는지를 말해볼까 한다.

'살아남는' 공간을 강조하는 까닭은, 지금은 오프라인 비즈니스에 과거보다 훨씬 높은 수준의 경쟁력이 요구되기 때문이다. 우선 디지털시대가 되면서 사람들은 이전보다 많은 시간을 온라인에 할애하고 있고, 그렇게 파이가 줄어든 고객의 시간을 오프라인 공간으로 되찾아야 하는 과제가 생겼다. 또한 고객들이 즐길 콘텐츠가 오프라인밖에 없었던 시절에는 공간의 클래스가 그리 높지 않아도 되었지만, 오늘날의 소비자들은 다양한 정보와 경험을 통해 보는 눈이 높아졌고 더 이상 허접한 공간이 통하지 않는 시대가 되었다.

공간 솔루션을 제공하는 기업 입장에서 성공하는 공간을 만드는 비법이 무엇인지 묻는 사람들이 정말 많다. 비즈니스 종사자들, 기자들, 기업들이 하나같이 비슷한 질문을 한다. 바로 미래의 트렌드, 간단히 말해 내년에는 뭐가 '핫할' 것 같으냐는 것이다. 그것만 알아낸다면 남들보다 빨리 그 유행을 선점하여 성공하기 위함이다. 그러니 내 입에서 나오기를 바라는 간명한 답은 '내년에는 이런 게 유행할 거예요'라는 것이다. 하지만 그 질문에 답을 주는 것은 그리 간단하지 않다.

너무도 식상한 말이지만 유행이란 돌고 도는 굴레처럼 순환하는 것이다. 20여 년 전 거리를 활보하던 통 넓은 바지를 지금 다시 볼 수 있게 된 것처럼 말이다. 그렇다고 유행이 핼리혜성처럼 일정한 주기로 돌아오는 것도 아니다. 언제 어디서 어떤 것이 다시 재조명을 받을지 맞히는 것은 마치 단기적으로 주가가 오를지 떨어질지 정확히 맞히는 것과 같다. 사실상 불가능한 일이다. 하지만 주식의 단기적 등락을 맞힐 순 없어도 장기적 흐름을 예측하는 투자의 현인들은 많이 있다. 이것이 가능한 이유는 변동성이 큰 투자자의 마음을 예측하는 대신 보다 거시적인 경제 지표들을 통해 큰 방향성을 파악하기 때문이다.

유행은 얼핏 보기에는 뱅글뱅글 도는 원형처럼 보이지만 자세히 살펴보면 사실 나선형에 가깝다. 즉, 평면상의 원을 한 바퀴 돌아 처음 출발한 자리로 돌아온 것처럼 보이지만 실제로는 원형 계단을 오르듯 출발했던 지점과 높이가 달라져 있기 마련이다. 빙빙 돌아가며 박히는 나사못을 떠올려보라. 유행은 이 나사못처럼 나선형으로 움직인다. 이러한 나선형의 움직임에서 우리가 주목해야 하는 것은 뱅글뱅글 돌아가는 나사못의 머리가 아니라 못의 끝이 파고드는 '방향'에 있다.

옷은 유행에 따라 샀다가 금방 유행이 바뀐다 해도 새로운 유행에 맞게 다시 살 수 있다. 하지만 공간은 그러기엔 너무 많은 시간과 비용이 든다. 때문에 시류를 잘 타서 때마침 인기 있는 공간을 만든다 해도 2, 3년 만에 유행이 지나가고 더 이상 사람이 찾지 않게 되면 공간에 돈을 왜 쓰냐는 허무주의에 빠지기도 한다. 이 책이 이야기하려는 것은 이렇듯 짧게 나타났다가 사라지는 유행에 대한 것이 아니라 '흐름과 방향'이다. 앞서 이야기한 투자의 귀재들이 주식의 단기적 등락이 아닌 장기적 흐름을 예측하고 방향성을 파악하는 것처럼, 공간의 유행 가운데 존재하는 법칙과 흐름을 포착하여 이를 적용한다면 공간을 이용하는 사람들은 한층 깊이 있게 음미하고 향유할 수 있고, 그 공간을 만들고 운영하는 사람들은 자신들의 장소를 상업적으로 성공한 곳으로 만들 수 있으며, 결과적으로 그 공간을 살아남게 만들 수 있다. 그리고 그것은 돌고 도는 유행이 아니라 앞서 말했듯 분명한 방향을 지니고, 그 방향은 그것이 더 좋거나 가치 있는 차원을 넘어 그것이 곧 진화이자 생존의 흐름이기 때문에 중요하다.

그런 점에서 이 책에서 다루는 여러 상업 공간에 대한 평론과 그 장소들이 가지고 있는 공통점에 대한 이야기들은 평소 오프라인 상업 공간에 조금이라도 관심이 있던 사람들이라면 누구에게나 흥미롭게 다가올 것이다.

덧붙이자면, 2022년부터 MBC와 SBS 지상파 프로그램을 통해서 죽은 상권을 살리고 이른바 '망한 가게'를 '공간'을 통해서 일으키는 프로그램에 출연하게 되면서 내가 하는 일의 의미에 대해 훨씬 많은 생각을 하게 되었다. 이미 엎어진 물을 다시 담고 싶어 하는 여러 지역과 매장들을 보며 드는 생각은 솔직히 '나라면 할 수 있다'라는 자신감보다는 '처음부터 깨지는 그릇을 만들지 않았다면'이라는 아쉬움이다. 솔루션이 필요한 곳들은 이미 수천만 원에서 많게는 수백억, 수천억의 손해가 발생한 상황이고, 설령 무언가 '마법'같이 이를 다시 담아내는 재주를 부린다 해도 이는 물이 높은 데서 낮은 곳으로 흘러내리는 자연스러운 결과가 아니라 낮은 곳에서 높은 곳으로 올리는 매우 부자연스러운 행위이다. 이러한 작위적인 행위의 결과를 얻기 위해선 엄청난 비용은 물론, 처음 만들 때보다 훨씬 큰 노력과 리스크가 동반된다.

더욱이 이를 다 짊어진다고 해도 '엔트로피의 법칙'에 반하는 이와 같은 결과를 끝까지 이루어낼 수 있는 사람이 과연 몇 명이나 될까. 열에 아홉은 실패로 돌아갈 확률이 크고, 그렇게 되면 피해는 더욱 커질 수밖에 없을 것이다.

그런 까닭에 글로우서울이 공간을 기획하고 설계하고 시공할 때, 어떤 구체적인 법칙들을 지키면서 공간을 만드는지를 공개할 필요가 있겠다는 생각이 들었다. 이 책에 나온 공간의 노하우들은 그것을 파악하고 적용하는 데 성공한 사람의 것이다.

아이디어는 퍼낼수록 계속해서 샘솟는 우물물 같은 것이라 생각한다. 따라서 이 책에 담긴 아이디어를 퍼내고 난 후 새롭게 떠오르는 아이디어들을 선보일 것에 벌써부터 설렌다.

요즘 유행하는 힙플레이스에 한 번이라도 가보거나 관심을 가졌던 사람, 실제로 그곳에 갔을 때 느꼈던 감정에 어떤 원리들이 숨어 있는지 궁금한 사람, 나아가 고객들의 선택에 목말라 있을, 또는 이전과는 다른 멋진 공간을 만들어보고 싶은 비즈니스 관계자들 모두에게 이 책을 권하고 싶다.

차례

Chapter 1

6대 4의 법칙

유휴 공간이 있는 매장이 살아남는다

온라인 시대, 오프라인은 몰락할까

중국 상하이에 '아만양윤(养云安缦)'이라는 리조트가 있다. 이곳은 원래 중국 장시성(江西省) 푸저우(福州)에 있던 50채의 명·청 시대 별장들을 옮겨 지은 것으로, 댐 건설 계획으로 마을이 수몰될 위기에 처하자 그곳에 있는 건물뿐만 아니라 1만 그루의 나무들까지 700킬로미터 떨어진 상하이에 통째로 옮겨 구현했다. 나무와 건물을 가져오는데 고속도로 톨게이트가 걸리면 그것을 해체해 통과시킨 다음 다시 짓고, 교각이 없으면 교각을 지은 뒤에 통과시키는 식으로 프로젝트가 진행되어, 결과적으로 천문학적인 비용이 들어갔다. 그렇게 해서 만들어진 아만양윤의 객실은 총 47개인데, 이 프로젝트는 애소에 수익률보다는 분화재와 자연 경관의 보손이라는 무형의 가치를 위해 감행한 것에 가깝다.

　이렇듯 어떤 가치를 위해 수익률을 계산하지 않고 좋은 공간을 만들기 위해 자원이 무한정 투여될 수 있다면, 가령 내 재산이 너무 많고 그 공간으로 얼마를 벌든 상관없이 무조건 나의 취향에 맞도록 아낌없이 투자할 수 있다면 아만양윤처럼 하나하나 다 좋게 만든 장소를 얼마든지 지을 수 있을 것이다. 하지만 아쉽게도 그런 여건이 주어지는 공간과 프로젝트는 극히 드물다. 다른 공간도 그렇지만 특히 상업 공간의 경우 지을 때 들어간 돈 이상의 수익을 벌어주는 공간이 되어야 하고, 그러기 위해 사람들의 관심과 이목을 끌 수 있는 공간이 되어야 한다. 그런 역할을 다하지 못하는 공간은 결국 제대로 작동하지 않는 곳이 되어 사라진다. 심지어 수익률이 안 나올 것 같은 공간은 당초 기획 단계에서 백지화되어

중국 상하이에 위치한 '아만양윤'은 비용과 시간의 굴레에서 벗어나 무한한 자원을 투여한다면 어떤 결과물을 얻을 수 있을까에 대한 답변이 될 만한 곳이다. 하지만 현실에서 이런 공간을 만드는 것은 불가능에 가깝다. 오늘날에는 공간 역시 투자 대비 수익을 내야 하는, 일종의 상품이기 때문이다. **사진** | 아만양윤

아예 세상에 나오지 못할 때도 있다. 그러니 어떤 상업 공간을 만들고 유지하기 위해서는 공간의 수익률을 따질 수밖에 없게 된다.

오프라인을 위협하는 온라인 시장의 성장

문제는 오프라인 공간의 수익률이 예전보다 많이 내려갔다는 점이다. 그 이유 중 핵심이 되는 것이 바로 온라인 쇼핑 점유율의 확대이다. 특히 한국은 쇼핑 시장에서 온라인의 점유율이 세계에서 가장 앞선 나라로, 전체 유통시장의 40~50%에 육박하는 수준까지 도달했다. 특히 팬데믹 시기에 언택트 소비가 확산되면서 온라인 쇼핑으로 이동한 소비자들이 더욱 많아졌다. 거의 모든 물품 구매를 온라인으로 해결하는 극단적인 경우도 눈에 띈다. 서서히 엔데믹 시대에 접어들고 일상이 회복되면서 온라인 시장의 성장세가 다소 둔화되기는 했으나, 여러 정황상 온라인의 점유율은 계속해서 늘어날 가능성이 높다.

사람들의 구매력이 갑자기 크게 오른 것은 아니라고 가정했을 때, 온라인 쇼핑의 점유율이 5년 전에 비해 두 배 늘어났다면 오프라인 쇼핑의 지분은 그만큼 감소했다는 뜻이 된다. 게다가 오프라인 공간을 만드는 데는 훨씬 많은 비용이 들고, 앞으로 그 비용은 점점 더 치솟을 것이다. 토지 매입 비용부터 건물을 짓는 데 소요되는 건축비는 최근 물가 상승률을 상회하여 꾸준히 오르고 있는 형편이다.

간단히 말하자면, 온라인 시장이 확대되면서 오프라인 시장의 전체 매출 규모는 감소하고 있고 오프라인 공간을 만드는 데 들어가는 비용은 상승하고 있다. 따라서 오프라인 상업 공간의 경우, 지난 10년간의 데이터를 기반으로 앞으로 10년간의 수익률 추세를 가늠하는 보수적인 방식으로는 살아남지 못할 확률이 높다. 그보다 한층 현실적이고 비관적인 방향으로, 즉 오프라인 공간이 낼 수 있는 수익률이 예전에 비해서 크게 감소했고 앞으로는 더 감소할 것이라는 점을 전제로 두고 접근할 필요가 있다.

한때는 오프라인에서 온라인으로 넘어가지 못할 거라고 생각하던 품목들이 있었다. 대표적인 것이 신선식품이다. 과일이나 채소만큼은 직접 보고 고르는 것이 마음 편하다는 사람들이 여전히 있고, 실제로 온라인에서 신선식품을 사보면 직접 고른 것보다 신선도가 떨어지거나 가격이 더 비싼 경우도 많다. 하지만 장바구니를 내 손으로 들고 오지 않아도 된다는, 배달을 통한 압도적인 편리함이 있고, 나아가 온라인 신선식품 쇼핑의 가장 큰 장애물로 간주되던 배송 과정에서의 신선도 저하와 폐기율 문제도 기술의 발전으로 점점 해결되고 있는 중이다. 가령 2022년에 드디어 적자에서 탈피한 쿠팡의 경우, 영업 이익의 효자 노릇을 한 상품이 바로 신선식품의 빠른 배송이다. 냉장차와 보냉팩, 스티로폼 포장 대신 익일 로켓배송, 새벽배송, 당일배송을 통해 선도를 잃기 전에 재빨리 배송하는 것이 비용 면에서도, 고객 만족도 면에서도 좋은 결과를 낳은 것이다.

기술의 발전으로 인해 도태되고 온라인으로 거의 완전히

대체된 오프라인 시장이 바로 비디오·DVD 대여점이다. 과거 나스닥 상장까지 했던 미국 최대 비디오·DVD 대여점 '블랙버스터(Blackbuster)'는 2010년 파산 보호를 신청했다. 마찬가지로 DVD 대여 사업으로 시작했으나 2007년 영상 스트리밍 서비스로 전환하고 단계적으로 사업을 확장하여 현재 세계 최대의 OTT 기업으로 자리 잡은 '넷플릭스'와 극명하게 비교된다. 말하자면 비디오 대여 시장은 OTT 시장의 출현과 더불어 사라질 운명이었고, 그러한 시장의 교체는 불과 10년이 안 되는 기간 동안 빠르게 진행되었던 셈이다.

그렇다면 앞으로 오프라인 시장은 모조리 온라인으로 대체될 것인가? 실제로 몇 년 전 일부 기술 낙관론자들은 그런 미래를 예측하기도 했다. 가령 미국에서 아마존이 유통시장을 지배하게 되면 백화점이나 쇼핑몰 등 다른 오프라인 매장들은 다 없어지지 않겠느냐는 것이었다. 하지만 지금은 대부분의 학자들이 오프라인 공간을 바탕으로 한 사업이 일정한 파이를 꾸준히 유지할 것이라는 쪽에 손을 들고 있다. 거기에는 나름의 이유가 있다.

온라인과 오프라인, 다르게 느끼는 시간

코로나19가 기승을 부리던 시기 사람들은 강제로 '집콕' 생활을 해야 했다. 당시 집에 갇힌 사람들이 시간을 유용하게 보내기 위해 애쓴 결과 닐고나 커피 휘싯기부터 와플 기계로 크로플 만들어 믹기 등 다양한 놀이가 유행했다. 사실 집에서 시간을 보내는데 가장 편하고 쉬운 방법은 온라인 콘텐츠를 즐기는 것이다. 인터넷 서핑부터 OTT까지, 볼거리는 무궁무진하다. 하지만 하루 종일 온라인 콘텐츠를 보며 시간을 보내고 나면 사람들은 흔히 '오늘 아무것도 하지 않았다'라고 한다. 즉, 수동적으로 받아들이기 마련인 온라인 콘텐츠는 아무리 긴 시간을 집중해서 소비했다고 해도 '한 게 없다'는 기분이 든다. 자조적인 표현으로 '폐인 모드'인 것이다. 그러니 집에서 커피라도 젓고 빵이라도 구워야 무언가 했다는 느낌이 드는 것이다.

　팬데믹 시기의 거리두기로 인해 외출이 쉽지 않았던 제한이 풀리면서 사람들이 바깥으로 쏟아져 나오는 것도 같은 맥락이다. 콘텐츠를 소비하는 플랫폼의 종류와 상관없이 온라인으로 소비되는 콘텐츠는 대부분 그저 온라인에 머무는 시간으로 인지되고, 그 시간은 그다지 생산적이라는 느낌을 주지 못한다. 그 시간을 할애해 오프라인 공간에 나가 적극적으로 경험하고 싶은 욕망이 있고, 그 효능감을 맛보고 싶은 욕구가 우리에게 존재한다. 즉, 나의 여가 시간 가운데 온라인과 오프라인 활동의 비율에 균형을 맞추고, 오프라인 활동의 지분을 유지하고 싶은 본능이 저마다 있다. 이렇게 온라인으로 완전히 대체될 수 없는, 오프라인 공간에서의 경험과 그로부터 행복감을 느끼고 싶은 인간의 근본적인 욕구가 곧 오프라인 상업 공간의 든든한 지원자라 할 수 있다.

　그렇다고 해서 오프라인 상업 공간이 안심해도 좋다는 뜻은 아니다. 오프라인 상업 공간에 대한 니즈가 오프라인 공간 경험

그 자체에서 온다는 뜻은 상업 공간 외에 오프라인에서 일어나는 모든 활동이 곧 오프라인 상업 공간의 경쟁자라는 것과 같기 때문이다.

주중에 회사를 다니는 직장인 A를 예로 들어보자. 고된 일과를 마치고 토요일 아침에 눈을 뜬 A는 고민에 빠진다. 오늘은 뭘 할까? 피곤하니 하루 종일 집에서 넷플릭스나 유튜브를 보고 게임을 하면서 보낼 수도 있다. 하지만 모처럼 주말이니 어디 나가고 싶다는 생각도 든다. 공원에서 산책을 하거나 등산을 갈 수도 있고 골프를 치러 갈 수도 있다. 그러다 얼마 전에 회사 동료가 다녀왔다고 한 대형 쇼핑몰을 떠올린다. 목적지를 정한 A는 쇼핑몰에 가서 구경도 하고 재밌는 체험도 하고, 그 와중에 신발도 하나 구매해 집으로 돌아왔다. 몸은 좀 피곤해도 주말을 알차게 잘 보냈다는 느낌이 든다.

여기서 A에게 선택된 쇼핑몰의 경쟁 상대는 첫째로 집 안에서 손만 뻗으면 얼마든지 시간을 죽일 수 있는 온라인 플랫폼이다. 이 첫 관문에서 A를 집 밖으로 나오게 만들어야, 그렇게 할 만큼 오프라인 콘텐츠가 매력적이어야 그때부터 본격적인 승부가 시작된다. 일단 밖으로 나오게 만들었다면, 두 번째 경쟁 상대는 바로 '주말에 오프라인에서 즐길 수 있는 모든 활동'이다. 가령 바다에 가서 서핑을 즐기거나 산에 오르거나 공원에 돗자리를 펴고 피크닉을 즐기는 활동들은 당연히 쇼핑몰과는 아무 상관이 없다. 따라서 쇼핑몰은 그 모든 야외 활동과 경쟁하고 있는 셈이다.

백화점이나 교외에 있는 대형 쇼핑몰의 경우 이러한 점이 너

두드러진다. 서울에 사는 사람이 주말에 근교 쇼핑몰에 가게 될 때는 특별히 뭔가를 사겠다는 마음보다는 주말에 시간 보내기 적절한 곳을 선택해 방문하는 경우가 많다. 바깥에 나갈 시간적인 여유가 없는 사람은 당연히 오프라인보다는 온라인 쇼핑을 택할 것이고, 실제로 특정 제품을 구매하기 위한 목적이라면 온라인 쇼핑에서부터 창고형 매장까지 수많은 옵션들이 있을 것이다. 그게 아니라 '주말인데 모처럼 스타필드나 갈까' 하는 사람들은 보통 특정한 구매의 목적보다는 여가 시간을 보내기 위한 방편으로 그곳에 들르는 경우가 더 많다.

오프라인 공간만이 줄 수 있는 고유한 체험

유통 사업에서 고객들이 자기 시간을 소비하게끔 하는 다른 오프라인 콘텐츠 모두가 경쟁 상대라는 것은 상품을 구매하는 쇼핑이 유통의 승부수가 아니라 다른 여러 오프라인 콘텐츠 중의 하나로 자리매김하고 있다는 뜻이 된다. 간단히 말해, 온라인 쇼핑몰과 예선을 치르고 나면 그다음으로 오프라인의 모든 활동들과 결승 리그를 치러야 한다는 것이다.

이러한 상황을 엿볼 수 있는 또 다른 현상이 오프라인 쇼핑의 계절 특수 변화이다. 예전에는 오프라인 유통 사업에서 겨울이 성수기고 여름이 비수기였는데, 요즈음은 12월 한 달을 제외하고는 겨울에 오히려 매출이 낮고 여름에 매출이 더 높게 나타난다. 추우면 집에 머물다가 날이 따뜻해져서 외부 활동을 하고 싶은 계절이 되었을 때, 비로소 다른 레저 활동들과 더불어 쇼핑몰 방문을 함께 고려하는 양상이 있는 것이다. 즉, 물건을 사느냐 안 사느냐를 떠나서 일단 사람들을 집 밖으로 끌어내어 그 공간에 오게끔 하는 것이 오프라인 상업 공간의 관건이 되고 있다.

게다가 쇼핑 자체의 편리함과 가성비를 따지자면 오프라인 상업 공간은 무슨 수를 쓰든 온라인을 이길 수 없다. 인건비, 부동산, 유통비 등을 감안할 때 오프라인이 온라인보다 가격 경쟁력이 높아질 가능성은 거의 없다. 그렇기 때문에 온라인 쇼핑의 가성비나 편리함을 뛰어넘는, 오프라인 상업 공간만의 고유한 특성과 장점에 주목하는 일이 필요하다.

사람들은 팬데믹을 겪으면서 생활의 근본적인 것들 중 생각보다 많은 것이 온라인으로 대체될 수 있음을 알게 되었다. 학교를 가지 않아도 수업이 가능하고 직장을 나가지 않아도 일을 할 수 있고 밖에 나가지 않고 집에서 할 수 있는 다양한 행위를 통해 취미와 보람과 행복을 찾을 수 있었다. 그런데 그와 동시에 오프라인에서 즐길 수 있는 체험의 소중함과 그에 대한 욕구들이 되레 늘어난 것은 흥미롭다. 코로나19로 인해 오프라인의 상당 부분이 온라인으로 영구히 대체될 것이라고 본 예측과는 사뭇 다른 방향의 움직임이다. 실제로 친구와 약속을 하고 맛집과 카페를 가고 쇼핑몰에서 물건을 사는, 이런 모든 활동들이 새삼 소중하다는 것을 팬데믹을 계기로 느끼게 된 사람들도 많다.

그러한 흐름을 에리하게 반영하는 것이 각 기업의 주가 차트이다. 대표적인 온라인 유통기업인 아마존은 팬데믹이 터진 이후 2021년 말까지는 주가가 고공 행진하다가, 2021년 위드코로나가 시행되면서 2018년 주가로 다시 돌아갔다. 매출 성장률은 물론 매출 규모 자체가 하락했기 때문이다. 반면 오프라인 유통기업인 '월마트'의 주가는 2018년에 비해 2022년 거의 두 배 가까이 뛰었다. 오프라인이 온라인으로 완전히 대체되는 것이 아니라, 아마존의 시장 점유율에도 불구하고 월마트도 같이 매출이 올라가는 상황이 연출된 것이다.

이처럼 오프라인만이 줄 수 있는, 온라인이 주는 영역과는 구별되는 독자적인 영역이 분명히 존재한다. 생각해보면 TV와 영화관 또한 그러하다. TV가 처음 생겼을 때 영화관이 모두 없어질 거라고 했지만 결국 TV와 영화관이 공존하는 시대가 되었고, OTT가 나온 지금도 영화관은 여전히 생존하고 있다. 그게 가능한 이유는 영화관이라는 실제 공간에서만 느낄 수 있는 고유한 체험의 질감이 있기 때문이다.

결국 앞으로 살아남을 오프라인 상업 공간은 고유한 체험을 십분 살릴 수 있는 공간이 될 수밖에 없다. 쇼핑이나 상품과 관련해서도 오프라인 공간에 왔을 때 비로소 경험할 수 있는 요소와 그것으로 줄 수 있는 행복의 감각이 중요해질 것이고, 그래야만 사람들이 그곳에 방문할 유인이 생길 것이다. 뭔가 다른 곳과는 차별되는 색다른 경험을 할 수 있는 곳, 마치 테마파크 같은 공간이 살아남게 될 것이다. 웬만한 물건은 온라인으로 다 살 수 있고 집에서도 즐길 것이 많은 상황에 '최고급 브랜드와 최다 매장을 보유한 동양 최대 쇼핑몰' 같은 수식어는 이제 별 의미가 없다. 그런 것들은 더 이상 사람들을 끌어들일 만큼 매력적이지 않다.

실제로 팬데믹을 거치면서 국내 유통 3사인 롯데그룹, 신세계그룹, 현대백화점그룹 모두가 이전에 비해 한층 전향적인 자세로 오프라인 공간에 많은 자원을 투자하고 있다. 앞서 말했듯 상업 공간의 핵심은 투자 대비 수익률의 보장이므로, 그에 대한 재무적·사업적 평가는 향후 매출의 결과가 말해줄 것이다. 한 가지 확실하게 말할 수 있는 것은 앞으로의 오프라인 상업 공간은 기존의 다점포 전략이 아니라, 사람들이 찾아오게 만들 수 있는 몇몇 소수 점포와 그곳에서 제공하는 공간의 퀄리티가 관건이 될 거라는 점이다. 사람들이 오프라인 공간에 기대하는 눈높이가 그만큼 올라갔기 때문이다.

6대 4, 영업 공간과 유휴 공간의 비율

온라인으로 완전히 대체될 수 없는 오프라인 공간만이 줄 수 있는 체험의 핵심에는 무엇이 있을까? 바로 온라인에 비해 압도적으로 풍부한 감각 정보이다. 대부분 시각 정보에 절대적으로 의존하는 온라인 콘텐츠와 달리 오프라인 체험은 시각부터 청각, 후각, 촉각, 미각까지 다양한 감각 기관을 동시다발적으로 자극한다. 인간이 느끼는 감각의 측면에서 오프라인의 수요가 온라인으로 완전히 대체될 수 없는 이유에는 이러한 인간의 신경세포를 직접 자극해서 가상공간을 완벽한 현실로 느끼게 만드는 기술이 아직 개발되지 않았다는 점도 있다. 실제 공간에서 우리가 오감의 정보를 통해 느끼는 현장감은 이제까지 생산된 어떤 온라인 콘텐츠도 대신 제공해주지 못한다.

현장에 있는 것들을 생동감 있게 바라보고 만질 수 있는 형태의 공간을 체험하는 것과, 그것이 모두 화면 속에 존재하는 것을 보기만 할 때 느끼는 인지의 차이는 어마어마하다. 이것이 당분간은 온라인이 오프라인을 온전히 대체할 수 없는 결정적인 이유이다. 가령 온라인을 통해 세계 곳곳의 풍경을 볼 수 있게 되었지만, 그렇다고 오프라인 여행 수요가 줄어들 거라고 예측한 사람은 아무도 없다. 온라인을 통해 멋진 곳을 보게 될수록, 오히려 그곳에 더 가보고 싶어진다. 아무리 화면 속 풍경이 아름답고 멋지더라도 시각만으로 느끼는 감상은 실제로 가서 오감으로 느꼈을 때의 고양감과 만족감에 비할 수 없기 때문이다.

마찬가지로 앞으로의 오프라인 상업 공간은 직접 그곳에 갔을 때 무언가 실감나는 볼거리가 있는 공간만이 살아남을 것이다. 그리고 그 볼거리란 상품이 놓이고 실제 구매와 판매가 일어나는 영업 공간이 아니라, 그곳을 제외한 유휴 공간에 주로 놓이게 된다.

유휴 공간의 필요성과 중요성

그렇다면 유휴 공간은 왜 중요할까? 앞에서 이야기했듯이 사람들은 오감을 자극하는 특별한 체험을 좋아하고 이를 향유하고 싶어한다. 이러한 공간이 있느냐 없느냐가 온라인이 주는 영역과 구분되는 오프라인만의 방문 유인이 될 것이고, 다는 오프라인 콘텐츠들과의 경쟁에서 강력한 무기가 될 수 있다.

　이러한 전략은 온라인 플랫폼에서도, 오프라인 공간에서도 동일하게 나타난다. 온라인 유통기업을 먼저 예로 들어보면, 쿠팡은 '쿠팡 플레이'를 통해, 아마존은 '아마존 프라임'을 통해, 즉 쇼핑과는 직접적으로 상관없는 서비스를 붙여 이용자들이 플랫폼에 더 오래 머물게 만드는 전략을 사용한다. 일단 플랫폼에 찾아오게 만들고 결과적으로 물품 구입으로 이어지게 유인하는 것이다. 쿠팡 플레이나 아마존 프라임과 같은 역할을 오프라인 쇼핑몰에서는 유휴 부지와, 그를 통해 고객들에게 제공하는 유무형의 서비스가 담당하게 되는 것이다. 온라인으로는 온전히 만족할 수 없는 어떤 체험, 풍부한 감각 정보를 제공하는 실재하고 실질적인 체험의 장이 바로 유휴 공간이다. 이러한 유휴 부지의 존재가 고객들로 하여금 이 공간을 특색 있는 장소로 여기게끔 만든다.

　사실 이러한 고려는 온라인 유통이 지금처럼 성장하기 전에는 그다지 필요하지 않았다. 온라인 시장이 없으니 물건을 사려면 반드시 오프라인 매장에 가야 했고, 따라서 매장에 들르는 고객의 수는 일 년에 몇 천만 명 등 사실상 정해진 것으로 간주되었으며, 그렇게 방문하게 될 사람들의 동선을 어떻게 틀고, 그리하여 어떻게 하면 물건을 더 많이 사게 만들지를 고민하면 되었다. 어느 지역의 인구가 한 해에 소비할 수 있는 구매력과 물량이 대충 정해지면, 그 지역에 세워질 적정 수의 쇼핑몰과 유통센터는 몇 개고 점포 당 목표 인구가 몇이며, 그들이 해당 매장에서 얼마 정도 소비할 것인지를 쉽게 산출할 수 있었다.

'청수당 공명점'(위)과 '라운지 OIC'(아래) 내부. 오프라인 공간으로 고객을 유인할 전략이 필요한 오늘날 유휴 공간은 사람들의 관심을 끌고 볼거리를 제공하는 중요한 역할을 수행한다. 글로우 서울에서 기획하는 공간에는 반드시 유휴 공간이 존재하는데, 콘셉트와 형태는 달라지지만 '사람들의 감각을 자극하는 체험 공간을 제공한다'는 핵심 목표는 동일하다. **사진** | 글로우서울

그런 정보들을 바탕으로 오프라인 상업 공간의 설계에서 중요하게 고려된 것이 바로 MD(merchandising, 상품화 계획)의 구성이다. 지점별로 어떤 브랜드를 유치할 것인지, 그 브랜드 매장들을 어느 공간에 위치시킬 것인지, 이를 통해 어떻게 하면 단위 시간 당 최대 매출을 뽑아낼 수 있을 것인지에 대한 계획이 그것이다. 백화점 1층에 화장품을 비롯한 잡화 매장이 들어가고, 여성복보다 남성복 매출이 일반적으로 더 낮기 때문에 더 높은 층에 남성복 매장을 배치하는 등의 일이 바로 이런 고려사항을 거친 결과물이다.

하지만 지금은 그렇게 공학적으로 설계된 쇼핑몰의 기능이 그다지 유효하지 않다. 현재 오프라인 상업 공간의 핵심은, 반복해서 말하지만, 딱히 그곳까지 갈 이유가 없는 고객들에게 그 공간에 가는 이유를 만들어주는 것이어야 한다. 즉, 어떤 상업 공간에 고객들이 일단 오게 만드는 것이 먼저고, 그곳에 온 고객이 물건을 살지 말지는 그다음 문제인 것이다. 따라서 사람들을 유인할 매력적인 유휴 공간은 필수적이다.

혹자는 이런 고민에 빠질 것이다. 제한된 공간 안에서 유휴 공간이 늘어나야 한다면, 당연히 그만큼의 영업 공간이 줄어든다는 뜻이고, 이는 곧 공간 대비 매출이 줄어드는 것이 아닌가? 또한 유휴 공간에 소용되는 비용이 추가되는 만큼 영업 이익이 감소하는 셈이 아닌가? 매출 신장을 위한 영업 공간 한 평이 아까운 상황에서, 같은 건축비를 들여서 영업 공간으로 쓸 면적을 희생하고 유휴 공간을 더 늘리는 것은 아무래도 선뜻 손에 쥘 수 있는 선택 사항은 아니지 않은가?

거기에 대한 대답은 다음과 같다. 첫째, 매출 감소와 수익률 저하를 걱정하다가 더 큰 문제에 직면할 수 있다. 즉, 유휴 공간을 포기함으로써 더 많은 이익을 얻을 가능성보다 아예 매장을 닫게 될 가능성이 더 클 수도 있다는 것이다. 냉정하게 들릴 수 있지만 현실적인 위험이다. 돈을 적게 버는 위험과 매장이 망할 위험은 전혀 다른 문제이고, 그만큼 현재 오프라인 상업 공간이 살아남기 위한 옵션은 그다지 많지 않은 상황이다.

공간에 사람들이 오게끔 만들 다른 요소를 마련하는 게 아니라 오롯이 서비스의 질과 가격 경쟁력만으로 승부하겠다고 했을 때, 가령 가성비 좋은 메뉴를 팔아서 고객을 모으겠다는 음식점이 있을 때, 그런 매장이 성공할 확률은 극히 드물다. 애당초 지금은 특정 물건이나 서비스가 싸다고 해서 사람들이 찾아가는 세상이 아니다.

사람들로 하여금 거기까지 몸을 이끌고 가게 만들기 위해서는 가성비를 넘어서는 확실한 무언가가 필요하다. 예를 들어 값이 저렴한 것으로 유명한 창고형 매장 '코스트코'의 경우 고객들이 그곳을 찾는 데에는 제품이 싸다는 것을 뛰어넘는 요소들이 있다. 바로 한국의 다른 매장에서 팔지 않는 독보적이고 훌륭한 품질의 물건을 보유하고 있기 때문이다. 정말로 가성비로 승부를 보려면 적어도 '다이소'만큼 가격이 월등히 저렴해야 하는데, 그렇게까지 낮은 가격을 책정하기란 쉽지 않다. 그렇다면 무언가 다른 판매 전략이 있어야 한다.

둘째, 유휴 공간을 확보할 때 수익률이 줄어드는 것이 아니라 반대로 더 좋아질 가능성도 있다. 애초에 매출은 그 매장의 영업 공간 면적에 비례하는 것이 아니라, 그 공간을 들르는 방문자의 수와 그들이 공간에 머무는 시간의 합계, 즉 총 방문 시간과 비례하기 때문이다. 따라서 고객들이 오고 싶게 설계되고 구현된 공간은 영업 공간이 다른 매장들에 비해 다소 좁게 배정되었더라도 그곳에 들르는 이들이 많아진 만큼 더 높은 매출을 기대할 수 있게 된다.

실제로 오프라인 상업 공간의 매출과 단위 매장이 보유한 영업 공간의 크기는 거의 관계가 없다. 상식적으로 생각해도 영업 공간이 두 배로 넓어진다고 해서 그곳의 매출이 두 배 증가할 리는 없다. 따라서 영업 공간의 크기를 키우는 대신 방문자 수를 끌어올리는 방안이 선행되어야 한다.

또한 풍부한 유휴 공간을 전면에 내세운 오프라인 상업 공간이 아직까지는 그리 많지 않고, 이제 슬슬 생겨나는 추세라는 점도 강점이다. 그렇기 때문에 어떤 공간이 다른 공간들에 비해 갖는 경쟁력이 상대적으로 더 큰 빛을 발할 여지가 있다.

영업 공간과 유휴 공간의 적정 비율

유휴 공간의 필요성과 중요성에 대해 이해했다면 이제 영업 공간과 유휴 공간의 적정 비율에 대해 생각해보자. 유휴 공간의 면적은 모든 공간에 적용되는 절대적인 크기가 있는 것이 아니라 영업 공간과의 비율을 고려해야 한다. 그랬을 때 영업 공간과 유휴 공간의 비율, 즉 실용적으로 안배된 공간과 고객들에게 볼거리를 제공하는 공간의 적정 비율은 6대 4이다. 전체 면적 대비 유휴 공간의 면적을 최소 40% 이상 확보하고 유지하는 것, 이것이 바로 '6대 4의 법칙'이다.

그럼 이 6대 4의 비율의 근거는 무엇인가? 우선 전체 유통시장 대비 온라인·오프라인 채널의 비율과 관련이 있다. 산업통상자원부가 발표한 2022년 11월 기준 온라인 유통시장 규모는 전체의 51.4%로 과반을 넘어섰고, 오프라인 유통 비율은 나머지 48.6%를 차지했다. 이렇듯 온라인 쇼핑의 비율이 늘어난 까닭에, 온라인 쇼핑으로는 얻을 수 없는 오프라인 상업 공간만의 마케팅 수단, 즉 고객들에게 새롭고 특별한 오프라인 경험을 제공하기 위한 면적의 비율은 대개 전체 시장 대비 오프라인의 점유율에 준하여 연동되게 된다. 실제로 최근 신세계그룹에서 만드는 오프라인 상업 공간들은 전체 면적 대비 유휴 공간의 비율을 45% 정도로 유지하고 있다.

또한 이 6대 4의 비율 중 유휴 공간에 해당하는 40%의 비율은 앞으로 늘어날 수는 있어도 줄어들 가능성은 적다. 그 이유는 점유율 확보를 위해 마케팅 비용이 증가하는 역설과 관련이 있다. 가령 '배달의민족'이 배달앱 시장에 진출해 독보적인 위치를 점하고 있다가 '쿠팡이츠'가 새롭게 등장해 기존 배달의민족 고객의 지분을 빼앗아가고 있다고 하자. 이때 쿠팡이츠는 자사의 점유율을 늘리기 위해 고객에게 쿠폰을 뿌리고 더 많은 광고를 하는 등 마케닝비를 십행하게 된나. 그리넌 배달의민족은 자신들의 점유율을 지키기 위해 쿠팡이츠의 것과 최소한 같거나 그것을 상회하는 마케팅비를 지출할 수밖에 없다. 즉, 쿠팡이츠가 20%의 점유율을 늘렸다면 배달의민족 또한 마케팅 비용을 적어도 20% 이상 늘려야 하고, 쿠팡이츠의 점유율이 만약 30%가 됐다 하더라도 배달의민족은 전체 비용 대비 마케팅 비용의 비율을 늘리면 늘렸지 깎을 수는 없다. 마케팅 비용을 깎으면 매출이 더 줄어드는 악순환이 반복될 것이 뻔하기 때문이다. 이처럼 센 경쟁 상대가 생기고 그 상대가 시장에서 점유율을 넓혀갈수록, 설령 수익이 더 줄거나 심지어 적자를 보더라도 자사의 점유율을 되찾거나 수성하기 위해 마케팅비는 반대로 늘어야 하는 역설이 존재한다.

그리고 대형 쇼핑몰의 경우, 유휴 공간의 안배를 위해 영업 공간의 면적을 줄일 때는 입점한 브랜드의 수를 줄이는 것이 아니라 각 브랜드가 차지하는 단위 매장 면적을 줄이는 편이 타당하다. 그렇게 줄인 리테일(retail, 소매점) 공간들의 면적에 유휴 공간을 배치하고 그곳을 고객들을 위한 공간으로 만들었을 때, 그것을 보기 위해 찾아오는 고객이 늘어나고 그 과정에서 제품 구매가 함께 발생한다면, 이는 단순히 각 리테일 공간이 넓은 것과는 비교할 수 없는 경쟁력의 차이로 이어질 수 있다.

물론 입점한 브랜드 리테일의 입장에서는 자기 매장 면적이 큰 것이 당연히 좋을 수 있다. 공간을 더 크게 쓰는 쪽이 훨씬 쾌적할 것이기 때문이다. 거기에 더해 쇼핑몰에 입점한 리테일들이 가급적 큰 면적을 요구하는 이유가 있는데, 바로 입점한 리테일이 쇼핑몰에 지급하는 임대료가 단위 면적으로 책정되는 것이 아니라,

매월 발생하는 순매출의 일정 비율을 임대료로 지급하는 시스템이 많기 때문이다. 매장 면적이 커진다 해도 관리비 외에 추가 비용이 그다지 발생하지 않으니, 리테일 입장에서는 당연히 가급적 큰 공간을 원하게 된다. 하지만 각 리테일의 영업 공간이 넉넉한 것보다 그것들이 모인 쇼핑몰에 일단 고객들이 많이 찾아오게 만드는 것이 훨씬 더 중요하다. 정작 고객들이 찾아오지 않는다면, 영업 공간이 아무리 넓고 쾌적한들 무슨 의미가 있겠는가.

영업 공간과 유휴 공간의 적정 위치

그렇다면 유휴 공간은 오프라인 상업 공간의 어디에 배치하는 것이 좋을까? 유휴 공간이 기본적으로 집객을 위해, 즉 고객을 모으고 고객의 눈길을 끌기 위해 존재하는 공간이라면, 그것은 전체 공간의 정중앙, 공간에 오는 모든 이들이 볼 수 있는 곳에 놓이는 편이 타당하다. 애써 영업 공간을 쪼개 유휴 공간을 확보했는데, 정작 그것을 고객의 동선이 잘 닿지 않는 구석진 곳에 박아 둔다면 본래 의도한 효과를 거두기 힘들다.

그런 패착이 종종 발생하는 이유는 대개 고객의 눈에 잘 띄는 곳에 매장을 더 배치하고 싶은 욕심 때문이다. 하지만 앞에서도 강조했듯이 매출 증가는 기본적으로 공간에 사람들이 더 많이 올 때 발생한다. 일단 매장까지 사람들이 오게 만드는 것이 핵심이라면, 그들을 오게 만들 유휴 공간이 놓여야 할 곳에 매출을 노린 매장을 배치한다고 해서 그 매장에 더 많은 사람이 들를 거라 생각하는 것은 선후를 잘못 생각한 것이다.

유휴 공간에서의 '유휴(遊休)'란 '쓰지 않고 놀린다'라는 뜻으로, 고객들에게 휴식을 주는 공간이라는 의미이다. 그러니 기본적으로 맥시멀하게 무언가가 가득 차 있기보다는 사람들이 그 공간을 바라보며 여유로움을 느낄 수 있어야 한다. 그렇게 될 경우 중앙에 놓인 유휴 공간은 쇼핑몰 전체의 밀도를 낮추고 쾌적함을 높여주는 기능을 갖는다. 그리고 그 편이 유휴 공간 주위의 영업 공간으로 시선을 집중시킬 수 있는 더 좋은 방법이 될 수 있다.

만약 긴 통로 양옆으로 매장들이 즐비하게 들어서 있다면, 그곳을 걸어가는 사람들은 한쪽에만 매장이 있는 경우에 비해 매장들에 시선을 두는 밀도가 4분의 1 이하로 줄어들게 된다. 즉, 양쪽 다 안 보게 된다는 뜻이다. 실제로 양쪽에 매장들이 가득 찬 아케이드 형태의 거리를 걷는 사람들은 두리번거리며 구경하기보다는 양쪽 모두 보는 것을 포기하고 빠른 속도로 앞만 보고 걷게 된다. 그만큼 사람들은 시선이 어지러이 교란되는 것을 부담스러워하고, 번잡한 것에 빠르게 지치는 경향이 있다. 그러니 중앙에 유휴 공간을 놓고, 다른 한쪽에 영업 공간을 배치해 고객들의 시선을 잡아두는 것이 더 좋은 방안이 될 수 있다.

결정적으로 유휴 공간은 고객 입장에서 그저 '놀리는' 공간이 아니다. 매장을 찾은 고객들에게 중앙에 놓인 유휴 공간은 곧 자신이 시야를 통해 향유할 수 있는 공간으로 자리매김한다. 공간의 향유를 내 몸이 놓인 곳의 점유만을 기준으로 했을 때, 어떤 사람도 자기가 앉거나 눕거나 선 곳, 즉 자기 체적 이상의 공간을 누릴 수 없다. 하지만 우리가 어떤 공간을 향유한다는 것은 내 몸이 차지하는 체적의 공간에만 국한되는 것이 아니다. 인간이 어떤 공간을 누린다고 했을 때는 자신이 있는 위치에서 바라볼 수 있는, 즉 시야에 닿는 공간 모두가 체험과 향유의 대상이 된다. 가령 바닷가에 위치한 호텔에서 시내 전망보다 바다 전망의 객실 가격이 더 비싸게 책정되는 것은 그 뷰만큼 그곳에 묵는 이용객들이 더 나은 공간을 향유할 수 있기 때문이다. 공간에서 뷰의 가치란 바로 그런 것이다.

공간 효용을 높이는 유휴 공간 배치

상업 공간에 유휴 공간을 만들어 놓으면 지나가는 모든 사람들이 그 공간을 누릴 수 있으니 무척 효과적이고 경제적인 공간 운용이라고 할 수 있다. 가령 40평의 공간에서 10평의 공간을 중정(中庭)으로 사용하고 30평을 고객이 앉을 수 있는 테이블 좌석으로 할애했다고 해보자. 30평의 영업 공간에 30명이 들어갔을 때 한 명이 점유하는 공간은 기껏해야 한 평이지만, 중앙을 유휴 공간으로 꾸민 덕분에 거기에 있는 사람들은 시각적인 체험을 통해 자신의 공간 외에 10평의 다른 공간을 추가로 누릴 수 있게 된다. 즉, 한 사람의 점유 공간이 1평에서 11평으로 확장되는 것이다. 또한 이 10평의 유휴 공간은 그곳을 찾는 30명 모두가 동시에 누릴 수 있기 때문에 30번 거듭 사용되는 것이나 마찬가지고, 결과적으로 40평의 제한된 면적 안에서 고객들이 느끼는 공간 효용은 도합 330평을 창출하는 것과 같다.

글로우서울에서 기획한 매장인 '온천집'의 경우가 그렇다. 중앙의 유휴 공간에 온천이 놓여 있고 그 주변으로 약 30석의 테이블이 있다. 만약 온천이 놓인 자리에까지 테이블을 채웠다면 15석 정도 더 넣어 45석을 배치할 수 있었을 것이다. 그런데 그 15석을 포기하고 거기에 모두가 볼 수 있는 온천을 놓은 결과, 그 온천이 자리한 20평의 공간은 그곳을 둘러싼 각각의 테이블 0.5평에 앉은 사람 모두가 향유하고 눈으로 즐길 수 있는 공간으로 거듭났다. 그렇게 각 테이블에 앉은 모두가 각각 20.5평의 공간을 향유하는 효과를 낳고, 전체 30개의 테이블에 앉은 고객들이 느끼는 공간 효용의 총합은 615평이 되는 결과가 발생한다. 이렇게 중앙에 유휴 공간을 놓았을 때 그곳에 들른 사람들이 체감하는 바는, 당장 그곳에 테이블과 영업 공간을 깔지 못해 손해를 볼 것 같은 느낌과는 정반대로, 오히려 공리주의적 관점에서 고객들이 저마다 느끼는 공간 만족도의 총량이 크게 올라가는 결과를 가져온다.

그런데 그 유휴 공간이 만약 사람들의 눈에 잘 띄는 중앙에 있지 않고 구석에 처박힐 경우에는 그 공간이 시선에 노출되는 빈도와 횟수는 자연히 줄게 된다. 그러면 그만큼 이용객들이 그 공간을 향유하고 있다는 느낌의 총량 또한 급격히 줄어들 수밖에 없다. 다시 말하지만 공간을 이용하는 고객의 입장에서 모두의 눈에 잘 띄는 곳에 배치된 유휴 공간은 언제든지 누릴 수 있고 시선을 통해

유휴 공간은 최대한 많은 사람들이 동시에 향유하고 체험할 수 있어야 그 가치가 더욱 크고, 따라서 고객들의 동선과 시선에 쉽게 닿을 수 있는 곳에 위치해야 한다. '온천집'의 경우 마당 중앙에 모두가 볼 수 있는 온천을 놓았고, 그로 인해 공간을 이용하는 모두가 이 풍광을 즐길 수 있게되었다.

사진 | 글로우서울

점유할 수 있는 곳으로 인식된다. 그것이 곧 고객의 만족도와 연결되며, 그 만족도의 총합이 곧 그 상업 공간의 경쟁력이 되고, 사람들이 이 공간을 방문할 특별한 이유가 된다.

이러한 공간 활용의 공식은 조그마한 식당에서부터 대형 유통센터까지 모두 적용될 수 있다. 중앙의 가장 잘 보이는 곳에 영업 공간 대신 유휴 공간을 배치함으로써 그곳에 들르는 모든 사람에게 그 공간을 향유하는 만족감을 선사하고, 이로써 공리주의적인 최대의 만족감을 주는 이러한 공간 운용의 법칙은 곧 만족감을 느낀 사람들이 그 공간에 좀 더 오래 머무는 효과를 가져온다. 앞에서 말했듯이 한 쇼핑몰의 매출에 비례하는 요소는 바로 그 쇼핑몰에 방문하는 고객 수와 그들 모두가 그 공간에 머무는 시간의 총량이다. 많은 사람들이 모여들어 더 오랜 기간 머물수록 자연히 그곳에 배치된 매장에서의 구매를 촉진할 확률도 높아진다.

만약 공간이 좁아서 중앙에 유휴 공간을 둘 수 없거나, 건물의 층고(層高)가 낮아서 중앙에 유휴 공간을 두어도 탁 트인 느낌을 주지 못하는 곳일 경우, 중앙 대신 고객들이 출입하는 동선에 유휴 공간을 배치하는 것도 좋은 대안이다. 출입 동선은 그곳을 들르는 사람들이 가장 자주 볼 수 있는, 적어도 들어오고 나갈 때 한 번씩은 보게 되는 위치이기 때문이다.

그처럼 고객의 체험을 위한 유휴 공간은 매장에서 가장 중요한 위치에 아낌없이 배치하는 편이 좋다. 그 편이 앞서 말했듯이, 이 공간에 오는 고객들이 느끼는 공간에 대한 만족도의 총합을 늘리는 비결이기 때문이다.

출입 동선을 따라 유휴 공간을 배치한 '온천집 스키야키'의 경우, 사람들을 처음 맞이하는 입구부터 이곳이 특별한 장소라는 점을 부각한다.

사진 | 글로우서울

야외 공간과 플랜테리어가 각광받는 이유

온라인 콘텐츠의 대항마가 오프라인 콘텐츠이고 오프라인에서 벌어지는 다른 레저 활동들의 대항마가 오프라인 상업 공간이라는 것은 어떤 오프라인 상업 공간이 사람들에게 선택되기 위해 어떻게 해야 하는지를 고민할 때 그 공간이 싸우고 있는 경쟁 상대가 누구인지를 정확하게 파악해야 한다는 뜻이다. 한창 주가를 달리는 온라인 콘텐츠 모두가 오프라인 상업 공간의 경쟁 상대이고, 나아가 온라인 콘텐츠로 보내는 시간 외에 다른 오프라인 콘텐츠를 즐기고 싶은 사람들의 영역, 그들의 파이를 가져오는 것이 오프라인 상업 공간의 목표이다. 그런 맥락에서 오프라인 상업 공간에서의 핵심이 다름 아닌 '오프라인'이라는 것을 재인식하는 것이 필요하고, 따라서 온라인과는 대비되는 확실한 경험, 나아가 다른 오프라인 공간과 차별화되는 확실한 경험을 고객들에게 선사하는 것이 무엇보다 중요하다.

그랬을 때 실외 공간이 있는 매장의 존재는 커다란 강점이 된다. 마당이 존재하는 매장, 정원이 존재하는 매장, 루프탑이 존재하는 매장, 이런 매장들은 그렇지 않은 매장에 비해 압도적으로 높은 경쟁력을 가진다. 오프라인 상업 공간에 사람들이 애써 들르는 목적이 쇼핑 외에 오프라인에서만 할 수 있는 활동을 즐기는 쪽으로 바뀌고 있기 때문이다. 그럴 때 실내 공간보다는 실외 공간에서의 체험이 한층 더 결정적인 요소가 된다. 실내 공간으로만 계속 다니는 것보다, 실내에 있다가 야외 공간으로 나와 바람도 쐬고 예쁜 정원과 물과 푸른 하늘을 볼 수 있는 것, 그것이 온라인 콘텐츠를 즐기면서 무언가 아쉬웠던 부분을 채워줄 더 강력한 경험이 되기 때문이다. 즉, 신체 감각 정보를 더욱 다채롭게 누리게 되는 것이다. 그런 까닭에 오프라인 상업 공간에서 야외 공간의 존재는 예전보다 훨씬 더 중요해졌다.

실외 공간만이 줄 수 있는 다른 차원의 경험

전체 공간의 40%를 유휴 공간으로 안배하는 법칙, 그 유휴 공간을 되도록 모두가 잘 볼 수 있는 곳에 놓는 배치, 또한 유휴 공간의 많은 부분을 야외 공간으로 할애하는 팁 등이 두루 적용된 예가 비로 글로우서울이 기획한 경기도 의왕시에 위치한 롯데프리미엄아울렛 '타임빌라스(Timevillas)'이다. 이곳은 9,300㎡ 규모의 야외 녹지 공간을 조성하고 그곳에 10개의 온실 모양 글라스빌(Glass Ville)을 만들어 고객들이 오프라인 공간에서 누리고 싶은 레저 활동의 욕구를 풀 수 있도록 했다. 물품의 구매 목적 이전에 피크닉을 오고 싶은 공간을 조성함으로써 그곳에 들른 고객들이 그 공간을 매력적으로 느끼게끔 만들고, 그렇게 많은 사람들이 이 공간을 찾음으로써 상업 공간의 궁극적인 목표인 매출이 창출될 수 있도록 한 것이다.

타임빌라스가 유휴 공간을 확보한 방법은 간단하다. 바로 건물을 줄이고 그 자리에 실외 정원을 넣은 것이다. 즉, 건물의 영업 면적 안에서 유휴 공간을 늘린 것이 아니라, 전체 부지의 평수에서 영업 면적을 차지하는 건물의 비중을 줄이고 정원의 면적을 늘리는 방식을 택했다.

이와 같은 공간을 기획할 때 흔히 듣는 반박은 한국에서 야외 공간을 제대로 쓸 수 있는 날이 별로 없다는 것이다. 여름에는 더워서 못 쓰고 겨울에는 추워서 못 쓰고 봄, 가을에나 잠깐 쓸 수 있기 때문에 결과적으로 야외는 별 쓸모없는 공간이고, 영업에 도움이 안 된다는 얘기이다. 물이 흐르는 공간의 경우에도 여름에 잠깐 시원할 때나 의미 있지, 겨울에는 얼어붙으니 효과도 없고 안 좋다고 말한다. 그런 까닭에 유휴 공간을 늘리더라도 컨트롤하기 쉽다는 이유로 자꾸 실내에 집어넣으려고 하는 경향이 있다. 루프탑이 있어 서울 야경을 감상할 수 있게 만든 카페의 경우 루프탑 바깥에

예쁜 야외형 파빌리온(pavilion)을 설계하면 그걸 없애고 대신 실내 공간을 더 크게 만들어 달라는 요청을 받기도 한다. 야외 공간은 추우면 장사가 안 되고 더워도 장사가 안 되니, 가급적 쾌적한 실내가 더 낫다는 논리다.

그런 의견들이 착각하는 것이 있다. 지금은 온라인 콘텐츠가 즐비한 시대이고, 쾌적한 실내가 좋으면 그냥 집에 있으면 된다. 사람들이 굳이 자기 몸을 이끌고 나와서 어느 공간에 갈 유인이 생기려면 집에서도 얼마든지 누릴 수 있는 쾌적한 실내 이외에 무언가 다른 포인트가 필요하다. 쾌적한 실내가 정말 공간 경험의 지고한 가치였다면, 애초에 야외 공간을 가는 사람들, 등산과 골프와 테니스와 서핑을 즐기는 사람들은 존재하지 않았을 것이다. 그와 정반대로 요즈음은 야외에서 하는 레크리에이션 활동의 인기가 폭발하고 있는 중이다. MZ세대들도 등산을 가고 등산 동호회에 가입하는 시대이고, 실외 레포츠 활동들이 이전보다 훨씬 다양해지고 그걸 즐기는 사람들의 숫자와 저변도 훨씬 커졌다. 온라인으로 보낼 수 있는 시간이 늘어날수록 오프라인 경험을 향유하고 싶은 욕구도 따라 늘어났다는 것이다.

그러니 오프라인 상업 공간의 경쟁 상대는 멀리 보면 아마존과 쿠팡과 넷플릭스와 유튜브이고, 가까이로는 골프, 등산, 캠핑 같은 야외 활동 자체가 실질적인 경쟁 상대인 셈이다. 그들이 갖는 오프라인 공간에 대한 수요를 끌어와서 상업 공간에 머물 수 있게 하는 것이 중요하고, 그런 까닭에 야외 활동의 경험들을 대체하거나 실음될 수 있는 실외 공산이 중요애지는 것이다.

영업 공간을 과감하게 줄이고 넓은 유휴 공간을 배치한 '타임빌라스'의 전경. 처음부터 쇼핑을
목적으로 방문하는 사람들도 있지만, 대부분은 '그냥 바람 쐴 겸' 이곳을 찾는다.　　　　**사진 | 롯데**

실제로 청담동의 단독주택들을 리모델링해 만든 카페들의 경우, 마당에 파빌리온을 설치하여 야외 공간을 즐길 수 있도록 해둔 곳이 많다. 모처럼 집을 나선 고객들에게 그 공간에 온 이유를 만들어주려는 것이다. 실제로 집에서는 절대 그럴 일이 없을 사람들이 그곳에 가서는 11월 말까지 담요를 덮어가면서도 야외 공간에 있으려고 한다. 그 편이 집 밖을 나선 사람들에게 더 확실한 오프라인 공간 경험이 되기 때문이다. 그러므로 실내 공간이 쾌적하니까 무조건 좋을 것이라는 의견은 지금 시대의 오프라인 공간에 대한 욕구에 무엇이 깔려 있는지를 제대로 간파하지 못한 결과이다.

물론 실외 공간은 실내 공간에 비해 관리가 쉽지 않고, 실제로 날씨에 따른 변수도 존재한다. 그렇다면 그런 것을 피해 무조건 실내 공간을 늘릴 것이 아니라, 야외 공간을 어떻게 하면 조금이라도 시원하거나 따뜻하게 만들 수 있는지를 고민하는 편이 이롭다. 비슷한 예로 게스트하우스에 설치된 노천탕을 생각해볼 수 있다. 노천탕을 설치한다고 할 때, 시공업체 입장에서는 열효율도 나쁘고 겨울에는 춥고 여름에는 더워서 잘 안 쓰게 되니 실내탕이 더 낫다는 이야기를 할 수 있다. 그러나 노천탕과 실내탕은 근본적으로 다른 경험을 제공한다. 실내탕이 있는 것은 그 공간을 방문하거나 방문하지 않는데 그다지 큰 영향을 미치지 못하지만, 노천탕이 있는 것은 그것 때문에라도 한 번 들러 보고 싶은 특색 있는 요소가 된다. 탕이 야외에 있을 때 비로소 작동하게 되는 모든 기능과 무드, 야외에서 자연의 바람을 맞으며 따뜻한 물에 몸을 담그고 정원과 하늘을 바라보고 있을 때 느끼는 쾌적함은 실내탕이 절대로 제공해줄 수 없는 것이다. 그러니 노천탕과 실내탕은 아예 비교조차 할 수 없는 서로 다른 종류의 시설인 것이다.

실내 공간을 야외 공간처럼, 플랜테리어

야외 공간의 또 다른 장점 중 하나는 인간이 지닌 자연 친화적인 공간에 대한 욕구를 채울 수 있다는 것이다. 야외는 기본적으로 햇볕이 들고 비가 오면 비를 맞고, 그곳에 나무와 식물들이 있고 물이 흐르는 공간이다. 이것들은 모두 자연을 자연이게끔 인식하는 요소 가운데 하나이다. 따라서 오프라인 상업 공간을 기획할 때, 관리의 편의를 위해 야외를 실내 공간으로 가두려고 할 것이 아니라 어떻게 하면 실내 공간조차도 야외 공간처럼 만들 수 있을지를 고민해야 한다. 그런 욕망을 반영한 것이 바로 '플랜테리어(planterior)'에 대한 최근의 관심이다. 이는 식물(plant)과 인테리어(interior)의 합성어로, 공간 인테리어의 핵심 요소로 식물을 활용하는 방식이다. 마치 자연에 온 것 같은 느낌을 실내에서 구현하는 데 사람들이 관심을 기울이기 시작한 것이다.

플랜테리어에 반영된 실내 공간에 대한 욕구는 단순히 돌고 도는 한철 유행이 아닌 그 이상의 의미를 갖는다. 과거에는 온라인이라는 세계가 아예 존재하지 않았기 때문에 사실상 모든 것이 오프라인 깅험이었고, 따라서 바깥 공간에서도 집 안에 있는 것 같은 쾌적한 실내 공간을 선호하는 경향이 있었다. 그러나 온라인이 대세가 된 이상 온라인 세계가 일시에 사라질 리는 없고, 거기에 맞춰 온라인과 대비될 오프라인 경험을 갈구하는 욕망이 갑자기 사라질 가능성도 드물다. 자연과 비슷한 환경에 대한 사람들의 그리움과 그것에 부합하는 공간 기획은, 그렇기에 한순간의 유행이라기보다 돌이키기 어려운 시대의 흐름에 가깝다.

유행은 돌고 도는 것이고 예측하기 어렵지만, 그 속에는 분명 과거로 되돌아가지 않는 형태로 진화하는 흐름들이 있다. 공간을 향유하는 사람과 그 공간을 설계하고 기획하는 사람 모두에게는 그 흐름을 간파하는 눈이 요구된다. 더 나은 공간을 즐기고 싶은 사람들의 욕망은 돌고 도는 유행이 아니라 태초부터 존재해온 본능이고, 그 욕망의 내용은 시대에 맞게 변화하며, 시대의 변화는 종종 이전으로 돌아가지 않는 비가역적 특성을 지닌다. 이 책이 공간들의 유행이 아닌 공간들의 '법칙'을 내건 이유가 이와 같다.

온라인으로 무엇이든 할 수 있는 시대에 자연을 누리고 싶다는 욕구는 역설적으로 보이지만 오히려 순리에 가깝다. 글로우서울이 기획한 여러 공간들이 곳곳에 식물을 배치해 자연 친화적으로 조성된 것은 이런 흐름을 반영한 결과이다. 동화 속 숲에 들어가는 기분을 느낄 수 있는 서울 한남동 소재 '새비지가든'(위)과 '레이지파머스'(아래).

사진 | 글로우서울

Chapter 2

선택과 집중의 법칙

사람들을 오게 만들 무언가가 필요하다

노출 콘크리트는 왜 힙플레이스의 상징이 되었나

요즘 이른바 '힙플레이스'라 불리는 매장들을 보면 신기하리만치 내부 벽면이 노출 콘크리트로 마감된 경우가 많다. 그러다 보니 마치 노출 콘크리트가 인테리어의 최신 유행이자 '인스타 핫플'의 상징인 것 같은 느낌도 든다. 물론 성공한 매장들의 사례를 따라 하는 가게들이 늘면서 노출 콘크리트가 더 빠르게 늘어난 부분도 있겠지만, 애초에 노출 콘크리트 매장들이 생긴 데는 더 근본적인 이유가 있다. 노출 콘크리트와 힙플레이스의 관계, 거기에는 공간을 기획하고 운영하는 사람의 입장에서 출발한 비밀이 숨어 있다.

영세한 자본과 낡은 공간의 최선책

최근 많이 보이는 노출 콘크리트 매장 중 대다수는 신축 건물이 그런 방식으로 시공된 곳이 아니라, 을지로나 문래동, 신당동, 창신동처럼 오래된 건물이 있는 지역의 낡은 건물을 리모델링한 곳이다. 즉, 세월이 흘러 자연스럽게 부식된 색감을 지닌 노출 콘크리트인 경우가 많다. 대체로 그런 곳이 상가 보증금과 임대료가 낮기 때문이고, 매장 벽면을 그렇게 놔두는 것이 추가 인테리어 비용을 아낄 수 있는 길이기 때문이다. 노출 콘크리트가 주는 감성 여부를 떠나 그 편이 창업 비용을 절약할 수 있는 방법인 셈이다.

창업자들이 영세한 자본을 가지고 사업을 시작할 수 있는 곳이 바로 그런 낡은 동네에 저렴한 임대료를 지닌 노후한 건물이다. 물론 상권이 무르익지 않았는데 그런 장소에서 사업을 시작한다는 것은 커다란 모험이다. 그렇기에 이런 창업자들은 대신 그곳에서 선보일 수 있는 자신만의 창의적인 콘텐츠를 갖고 있는 경우가 많다. 체인점이나 프랜차이즈를 할 사람이 그런 공간에 매장을 여는 경우는 거의 없고, 나만의 독특한 콘텐츠를 통해 사람들을 그곳까지 오게 할 자신이 있는 사람들이 보통 그런 모험적인 위치에서 사업을 시작해 살아남게 된다. 그리고 그런 확실한 콘텐츠를 가진 매장들이 이윽고 새로 만들어진 상권의 구심점 역할을 하게 된다.

영세한 자본과 낡은 공간의 악조건 속에서 자신만의 콘텐츠를 믿고 매장을 열었을 때는 인테리어 마감을 할 돈이 충분히 남지 않는 경우가 허다하다. 나아가 건물 자체의 외관이 낡았다면 건물

내외를 싹 수리할 것이 아니라면 낡은 외관과 어울리는 낡은 내부 벽면을 살려서 시공하는 편이 미학적으로 더 바람직하기도 하다. 그런 방식이 아니라 제대로 건물 내부를 마감한다고 마음먹는 순간 엄청난 돈이 들게 된다. 만약 30평짜리 매장이라면, 30평 매장의 표면적은 바닥 30평, 천장 30평에 벽면까지 포함해 적어도 매장 평수의 3배를 넘어가게 된다. 그 표면적을 무언가로 다 감싸야만 제대로 마감을 했다고 할 수 있다. 이렇게 내부 마감을 끝내고 나면 가구를 비롯해 다른 곳에 쓸 돈이 남지 않게 마련이다.

정리하자면, 노출 콘크리트를 썼다고 해서 무조건 핫한 매장이 되는 것이 아니라, 인테리어 비용에서 마감에 쓸 비용을 최소화하고, 그렇게 절약한 비용으로 무언가 자신만의 콘텐츠를 만드는 데 투자한 매장들이 인스타 핫플레이스로 살아남게 된다. '앤트러사이트(Anthracite)'라든가 '플라츠(Platz)' 등, 노출 콘크리트를 쓴 유명 매장들의 예가 그러하다. 만약 특별한 투자 없이 단순히 내부를 노출 콘크리트로 마감하기만 했다면, 그런 상업 공간은 오래 살아남을 수 없었을 것이다.

배경이 되는 노출 콘크리트의 역할

특별한 투자로 성공을 거두어 지금껏 살아남은 매장들은 보다 깔끔한 내부 마감을 포기한 대신, 대부분 에스프레소 머신과 커피 그라인더를 몇 백, 몇 천만 원 하는 최상급 라인으로 눈 경우가 많다.

서울 합정동에 위치한 '앤트러사이트'는 건물에 남은 세월의 흔적을 없애는 대신 인테리어로 부각시켜 특별한 감성을 더한다. **사진** | 앤트러사이트 합정

즉, 내부 마감에 쓸 돈을 아낀 대신 쓸 데에는 확실하게 비용을 투자한 셈이다. 결국 그 상업 공간을 만든 이들은 전체 창업 비용을 아끼면서 모든 것에 돈을 아낀 것이 아니라, 스스로 강점이 될 만한 콘텐츠에 투자하는 데에는 돈을 아끼지 않았고, 같은 비용을 가지고 무엇에 더 집중할 것인지를 선택한 결과가 성공으로 연결된 것이다. 한마디로, 이들이 성공한 비밀은 노출 콘크리트가 아니라 노출 콘크리트를 놓아두면서 아낀 비용을 투자한 그 공간의 핵심 콘텐츠에 있다.

또한 예산 제약의 측면 외에 인테리어의 측면에서도 노출 콘크리트는 유의미한 기능을 갖는다. 매장의 다른 콘텐츠들을 부각시키고 거기에 사람들의 시선을 집중시킬 수 있는 배경의 역할을 하기 때문이다. 그런 까닭에 매장 벽면의 노출 콘크리트는 마치 작품이 걸리는 갤러리의 흰 벽면과 비교될 수 있다. 어떤 갤러리가 벽면에 걸린 작품보다 그 벽면에 더 눈길이 가게 만든다면, 그곳은 좋은 갤러리라고 할 수 없을 것이다.

어떤 공간의 구성 요소 하나하나가 모두 주인공처럼 보인다면 그곳은 실제로 주인공이 아무도 없는 공간이 된다. 그처럼 공간의 어느 요소에 집중해 그것을 더 부각시킬지는 미학적으로도 중요한 선택이다. 그렇기에 노출 콘크리트 그 자체의 물성이 중요한 것이기보다 그것을 배경으로 그 공간 안에서 다른 어떤 것들이 기능적이고 미학적으로 더 부각되느냐가 핵심인 것이다. 그리고 이는 노출 콘크리트 인테리어에만 국한되는 것이 아니다.

공간의 무엇에 투자할 것인가

상업 공간을 기획할 때 한정된 예산 안에서 과연 어떤 것에 힘주어 투자할 것인지 결정하는 일은 매우 중요하다. 이 원칙은 소위 힙한 카페에만 적용되는 것이 아니라, 호텔이나 쇼핑몰처럼 규모가 큰 상업 공간 비즈니스에도 동일하게 적용된다.

럭셔리 호텔의 비용 절감 전략

2021년 서울 강남권에 5성급 럭셔리 호텔 두 곳이 오픈했다. 잠실에 있는 '소피텔 앰배서더 서울'과 강남 테헤란로에 늘어선 '조선 팰리스'가 그것이다. 그중 조선 팰리스는 처음부터 조선호텔에서 자신들의 모든 호텔 라인업 중 최고의 호텔로 런칭한 곳이다. 하얏트 호텔에서 기존의 그랜드 하얏트를 뛰어넘는 '파크 하얏트'를 만들었듯이, 기존의 웨스틴 조선보다 더 하이엔드 라인을 만들겠다는 포부로 탄생한 호텔이다. 실제로 조선 팰리스는 건축 자재들을 모두 최고급으로 썼고, 인테리어 자재에도 엄청난 비용을 투자했다. 그에 비해 소피텔은 고급 마감재를 거의 적용하지 않았는데, 이는 비단 서울뿐만 아니라 세계적인 전략이기도 하다. 방콕의 소피텔을 가보아도 마감재가 허섭하고, 가구들도 비싸고 좋은 것보다는 저렴하되 외관상 힙한 것들을 갖다 놓는다.

건축 자재 중에 마감재는 특히 고급과 저급의 비용 편차가 극심한 품목 중의 하나다. 같은 공간을 마감하는데 드는 비용이 마감재에 따라 100배까지 차이 나는 경우도 있다. 언뜻 생각하면 바닥에 똑같이 마루 까는 건데 가격이 10배, 20배 차이 날 게 뭐가 있나 싶을 수 있지만, 실제로 100배 차이가 나는 최고급 원목마루도 존재한다. 또한 바닥을 석재로 마감한다고 했을 때 평당 2, 3만 원짜리 타일을 쓰는 방법도 있겠지만, 평당 300만 원짜리 대리석을 쓰는 방법도 있다. 조선 팰리스는 정말로 그 모든 마감재 가운데 최고급을 쓴 곳이다. 또한 객실에 놓인 의자 등의 가구도 값비싼 고급 브랜드의 것을 갖다 놓았다.

그에 비해 소피텔은 5성급 호텔이라고 생각할 수 없을 만한 자재들을 군데군데 많이 썼다. PVC 수지 위에 필름을 씌운 데코타일을 바른 곳도 있고, 타일이 붙은 면의 처리가 고르지 못한 곳도 있는데, 특히 수영장 탈의실 내벽의 시공이 그러하다. 또 스파 사우나의 벽을 그냥 일반 목욕탕에 쓸 법한 타일로 발라서 비용을 절감하기도 했다. 객실에 쓰인 가구들 또한 저렴한 자재들로 만든 것이어서, 원목이나 무늬목 가구가 아니라 분채도장(粉體塗裝)이나 필름으로 마감한 것들이 많다.

결과적으로 조선 팰리스는 아마도 소피텔에 비해 몇 배의 인테리어 비용이 소요되었을 것이고, 소피텔은 겉으로 보이는 화려한 치장에 돈을 쓴 반면 조선 팰리스는 고급 호텔이라는 이름에 걸맞게 구석구석 비싼 자재를 쓴 셈이다. 그런데 두 호텔이 실제로 오픈한 뒤, 초창기에는 소피텔의 숙박 금액이 더 저렴했고 조선 팰리스는 하이엔드 브랜드에 걸맞게 훨씬 고가에서 시작했는데, 점차 소피텔의 요금이 올라가고 조선 팰리스는 내려와서 두 호텔의 1박 요금 차이가 줄어들었다. 요금 정책은 호텔에 의해 결정되는 면도 있지만, 그보다는 주요 예약 사이트들에서 동시에 팔리기 때문에 사실상 호텔의 인기도에 의해 가격이 정해지게 되고, 그러다 보니 여기서 정해지는 가격대로 각 호텔의 객실 점유율을 예상해 볼 수 있다. 또한 두 호텔의 실제적인 후기나 반응을 볼 때도 조선 팰리스에 비해 소피텔의 만족도가 별달리 밀리지 않는 것을 볼 수 있다. 그 원인은 무엇일까?

결국은 호텔도 상업 공간이고, 이곳을 찾은 고객들에게 소피텔의 공간 기획 전략이 나쁘지 않게 먹혀 들어갔기 때문이다. 호텔에서 보내는 바캉스라는 뜻의 '호캉스'가 호텔의 주요 상품으로 팔리고 있는 요즘, 대부분 1박, 길어야 2박 정도의 짧은 기간을 체류

오프라인 공간을 기획하는데 있어 선택과 집중의 문제를 잘 보여주는 '소피텔 앰버서더 서울'.
공간을 찾는 고객의 시선에서 어떤 콘텐츠가 더 중요한 것인지, 더 만족도를 높이는지 파악하는
것이 성공의 출발점이다.　　　　　　　　　　　　　　　　　　　　**사진 |** 소피텔 앰버서더 서울

하는 사람들의 입장에서 어떤 콘텐츠가 공간 경험에 더 중요한 것인지를 잘 파악한 결과라 할 수 있다.

머무는 곳이 아닌 즐기는 곳에 집중하다

소피텔의 경우 객실보다는 수영장, 입구, 로비 공간, 레스토랑 등 호텔 내 다른 부대시설에 더 많은 투자를 했다. 그곳을 방문한 고객들이 주로 그런 공간에서 사진을 찍기 때문인데, 특히 소피텔의 수영장은 이용객들이 사진을 찍었을 때 예쁘게 나오게 잘 꾸며져 있다. 대신 객실의 옷장이나 가구들은 저렴한 것들을 썼는데, 실제로 이용객 중에 그런 가구의 서랍을 열어보는 사람조차 드문 것이 사실이다. 그러니 그런 곳에는 극단적으로 비용을 아낀 대신, 고객들이 좋아할 만한 시설에 좀 더 투자한 셈이다.

더불어 소피텔의 경우 직원들의 유니폼이 특이하고, 로비에서 이루어지는 야간 점등식 등을 통해 이곳이 서울에서 즐기는 작은 프랑스라는 식의 롤플레잉을 잘 수행하고 있다. 말하자면 저렴한 가구나 마감재에 눈 돌릴 틈 없이 고객들의 시선을 계속 붙드는 무언가를 배치해 놓은 것이다.

물론 조선 팰리스의 탄탄하고 고급스러운 가구와 마감재를 알아보는 사람에게는 그 공간이 최고의 호텔이 될 수 있다. 하지만 그런 고급 재질의 가구와 마감재가 좋다는 것은, 보통 그것들을 곁에 두고 오래 쓰는 주거 공간일 때 알아보기가 쉽다. 서럼한 사재

호텔 이용객들에게 큰 사랑을 받고 있는 실내 수영장.

사진 | 소피텔 앰버서더 서울

들은 시간이 조금만 지나면 쉽게 뜯어지거나 울거나 색이 바래기 십상이기 때문이다. 하지만 호텔 같은 상업 공간은 대부분 하루 이틀 머무는 곳이므로, 어떤 자재가 저렴하다고 해서 고객들에게 큰 문제로 여겨질 확률은 적다. 당연히 소피텔에 묵은 후에 고객들이 쓴 리뷰 중 마감재나 건축 자재가 저렴한 것이어서 아쉽다는 불평은 거의 없다.

물론 어떤 공간에 사용한 자재와 마감재를 알아보는 눈이 있고 이를 중요하게 생각하는 사람이라면 휴가를 보낼 호텔로 조선 팰리스를 더 선호하겠지만, 만약 내가 사업을 한다면 소피텔처럼 하는 것이 전략적으로 더 타당한 선택일 수 있다. 제한된 예산 안에서 고객들에게 어필할 수 있는 요소를 선택해 효과적으로 집중했다는 측면에서 그러하다.

감각적 체험을 선사하는 공간의 리듬과 강약

과거 호텔은 주로 외국인 관광객을 대상으로 영업하던 곳이었고, 그들은 보통 호텔 내 부대시설을 즐기는 '호캉스'를 하러 온 사람들이 아니라 한국의 다른 관광지를 두루 돌아다니거나 애초에 비즈니스 목적으로 방문한 이용객들이었다. 그러다 보니 한국의 호텔들은 외화를 끌어 모으는 목적에 특화된 클럽 등의 유흥시설을 제외하고는 편의시설에 별다른 투자를 하지 않는 경우가 많았다. 그런데 지금은 외국인보다 여가를 즐기는 한국인이 주요 고객으로 자리매김한 상황이다. 관광지가 아닌 서울에 위치한 호텔의 경우는 이러한 현상이 더욱 두드러진다.

호캉스가 특별한 감각적 체험을 선사하는 놀이 문화로 자리 잡은 이상, 객실보다는 호텔 내 부대시설이 더 중요한 공간으로 떠오른다. 가령 객실 숙박은 이용하지 않는 대신 호텔의 다른 부대시설은 모두 이용할 수 있는 저렴한 가격의 패키지가 출시된다면, 이를 흔쾌히 구매하는 고객들이 있을 것이다. 하지만 반대로 수영장이나 피트니스 등의 시설은 하나도 이용하지 못하고 객실 숙박만 이용 가능한 패키지가 출시된다면 이 상품이 잘 팔릴 가능성은 낮다. 잠이야 집에서 자는 것이 편하기 마련이고, 무엇보다 호텔의 주 고객들이 즐기고 싶은 것은 단순히 객실에서의 숙박이 아닐 가능성이 크기 때문이다.

결과적으로 객실과 부대시설 중 어느 한쪽을 불가피하게 선택해야 한다면, 객실에 투자되는 비용을 줄이고 그렇게 줄인 비용을 더 좋은 수영장과 피트니스, 혹은 더 아름다운 로비와 식당에 투자하는 것이 나쁘지 않은 전략일 수 있다. 고급 호텔이니까 침구도 좋은 걸 쓰고 바닥도 좋은 걸 깔고 가구도 좋은 걸 썼을 때 고객들이 더 크게 만족할 것이라고 막연히 생각한다면 오산이다.

상업 공간은 방문한 고객들이 주인공으로 각인될 확실한 체험 포인트가 있어야 한다. 모든 부분을 고급 자재로 마감하는 것도 나쁘지는 않겠지만, 고급스러운 자재들도 공간 기획의 단계에서 무언가 확실하게 선택되고 집중된 포인트가 있을 때에 더욱 빛을 발하는 것이지, 아무런 포인트도 없는 채로 마감만 고급지다고 해서 이용자가 느끼는 만족도가 알아서 올라가지는 않는다.

고급스러움을 위해 많은 돈을 아낌없이 투자하는 호텔도 이럴진대, 이보다 작은 규모에 더 적은 예산을 가진 상업 공간은 말할 것도 없다. 공간을 만드는데 드는 예산이 많으면 많은 대로, 또 적으면 적은 대로 밀도가 높은 곳은 높게, 밀도가 낮아도 되는 곳은 낮게 공간의 리듬과 강약을 주는 것이 필요하다. 모든 것을 고급으로 마감하거나 모든 곳에 힘을 주는 것보다는, 그런 변동 포인트가 있을 때 이용객들이 그 장소를 보다 입체적으로 느낄 수 있고, 어떤 것에 시선과 관심을 집중할지를 더 편하게 선택할 수 있기 때문이다.

안내데스크 직원이 짐을 들어주는 이유는

제한된 예산 안에서 극대화된 공간 체험을 달성한 곳으로 꼽을 수 있는 또 다른 공간이 있다. 바로 충남 태안의 '무이림(無以林)'이라는 펜션이다. 서해로 뚫린 만이 한눈에 내려다보이는 뷰로 잘 알려진 명소이다.

제한된 자원을 최적화하기 위한 선택과 집중

기대에 부푼 마음으로 무이림을 예약했는데, 인기 덕분인지 일단 예약이 녹록하지 않았다. 상시 예약이 아니라 예약 오픈 시간에 맞추어 예약을 해야 했고, 2박을 머물고 싶었는데 예약 대기열이 길다 보니 같은 방을 연일 예약하기가 쉽지 않았다. 결국 2박을 묵는 동안 서로 다른 방을 예약할 수밖에 없었고, 무이림에 도착해서 1박 후 이튿날은 짐을 챙겨 다른 방으로 옮겨야 했다. 또한 시설 문제로 오후 8쯤 로비에 전화를 했을 때 아무도 전화를 받는 사람이 없었다. 알고 보니, 당시 그 공간을 관리하는 직원은 총 3명 남짓이었고, 체크아웃과 체크인 사이의 시간과 야간에는 로비를 지키고 고객을 응대할 직원이 상주하지 않았다.

연박 예약이나 24시간 응대는 웬만한 호텔이라면 기본적으로 제공되는 서비스라고 할 수 있다. 그런데 무이림에는 이런 일반적인 서비스가 부재했다. 그런데도 무이림을 이용하고 난 고객들의 후기에는 서비스에 크게 만족했다는 평들이 많았다. 과연 무이림의 인기 비결과 전략은 무엇일까?

무이림을 이용한 사람들의 후기를 읽어보니 처음 체크인을 할 때 객실 로비 바깥에서 짐을 들어주고, 몇 호실인지 체크해서 방에 가져다주는 것을 인상 깊게 평가한 경우가 많았다. 이런 딜리버리 서비스는 5성급 호텔의 CS(Customer Service, 고객 서비스) 목록 중 하나일 법한 서비스인데, 다른 기본적인 서비스들이 부재한 대신 이런 고급 서비스가 제공되고, 실제로 이용객들이 이 서비스를 인상 깊어 하는 것이 흥미로웠다. 말하자면 무이림 측은 제한된 자원 속에서 이용객에게 제공되는 서비스 가운데 나름의 선택과 집중을 한 것이다. 즉, 많지 않은 직원들이 스스로 소화할 수 있으면서도 고객들에게 상대적으로 강한 인상을 남길 수 있는 특정 서비스에 집중하고, 다른 서비스들은 과감하게 포기하는 방향으로 전략을 가져간 것이다.

그 외에도 무이림 측에서 직접 만든 차가 제공되어 이용객들이 마실 수 있게 한다거나, 객실 안의 목욕 용품들을 특색 있고 예쁜 것으로 갖추어 놓는 등, 공간 곳곳의 히든 포인트에 사람들이 좋아할 만한 것들을 배치한 것도 좋은 평가를 받고 있었다.

무이림은 10명의 고객 중 8명은 이용하지 않을 것 같은 서비스 영역은 아예 빼버려 비용을 절감하고, 그런 까닭에 전체적인 CS 목록에서 애초에 제공되지 않는 것들이 있는 반면, 특정 몇몇 요소에는 확실하게 힘을 주는 방식을 선택한 것이다. 호텔처럼 부대시설이 많은 공간이 아니다 보니, 서비스의 전체적인 퀄리티를 3성급으로 일괄 적용하는 것이 아니라 5성급의 서비스를 몇 가지 제공하고, 나머지 서비스는 생략하는 방식을 사용한 셈이다.

서해 바다를 주인공으로 한 공간 기획

건물의 외관도 선택과 집중을 잘한 결과라 볼 수 있다. 자세히 살펴보면 건물에 쓰인 자재 자체는 그리 고급스러운 소재로 만든 것이 아님을 알 수 있다. 전체적으로 깔끔하게 정돈된 공간이기는 하지만, 일반적으로 건축물에 흔히 쓰는 솔리드한 재질의 건축 외장재와 철근 콘크리트가 아니라, 창고를 만들 때 주로 쓰는 소재들로 민든 것임을 알 수 있다. 이용객늘은 그 사실을 서의 알아채지 못하는데, 그 이유는 객실에서 바라보는 바다의 풍광이 너무도 황홀하기 때문이다. 무이림 역시 그것을 충분히 의식하여 실내 공간에서도 바다가 보이는 쪽의 창을 시원하게 잘 뚫어 놓았고, 바깥 경치에 집중할 수 있게 공간을 구성했다. 다시 말해 무이림이라는 공간을 기획할 때 그 공간의 체험에서 무엇이 주인공이 될지를 명확히 선택하고 집중하여 그것을 이용객들에게 성공적으로 관철시킨 것이다. 그 주인공은 바로 그곳에서 바라보는 서해 바다의 아름다운 풍경이었다.

그렇기에 이 공간을 단순히 인건비와 건축비를 아낀 곳으로만 기억하는 것은 이곳에 서린 중요한 포인트를 놓치는 것과 같다. 마치 앞에서 언급한 인스타 힙플레이스에서 노출 콘크리트의 외관만을 기억하는 것과 동일하다. 무이림이 들어선 위치를 보면, 이 건물이 지어지기 전에는 아마도 이 주위에 아무런 건물도 인프라도 없었을 가능성이 높다. 차를 가져가지 않으면 사실상 접근하기 어렵고, 근처의 가까운 식당까지 차로 15분은 족히 걸린다. 그런 곳에 뭔가를 처음 지으려고 했을 때는 전기나 가스나 수도 등 아무 인프라도 깔려 있지 않았을 가능성이 높다. 그런 시설들을 끌어와 쓸 수 있게 만드는 기반시설 설치비용만으로 아마도 상당한 금액이 들었을 것이다.

만약 이 프로젝트에 한정된 예산 가운데 과연 어떤 부지를 선택할 것인지의 기로에서, 근처에 버스 정류장도 있고 건물도 있고 기반시설도 있지만 뷰는 좀 떨어지는 공간을 선정해 그곳에 건물을 지었다면, 지금 위치에 지었을 때보다 엄청난 비용이 절감되었을 것이고, 그 비용으로 건축비나 인건비에 지금보다 더 많은 금액을 투자할 수도 있었을 것이다. 하지만 무이림은 기반시설을 깔기 위한 돈을 쏟아 부으면서까지 이곳을 선택했고, 그 이유는 바로 여기서만 만끽할 수 있는 뷰를 이 공간의 주인공으로 선택했기 때문이다.

현장에서 건설비용 중 토목비용이 절반 이상 들면 사업성이 안 나오기 때문에 기피되기 마련인데, 아마도 무이림은 토목비용의 비율이 상당히 높았을 것이다. 그렇게 큰돈을 투자해 얻은 것이 바로 이곳에서 볼 수 있는 서해 바다의 뷰이다. 무이림에서 보는 바다가 특히 뛰어난 이유는 만의 지형 안에 들어와 있는 구조이기 때문에 바다의 표면이 마치 호수처럼 잔잔하기 때문이다. 그동안 바다가 잘 보이는 언덕은 많이 구경해봤지만, 이렇게 조용하고 잔잔한 바다는 처음 경험해보았고, 바로 그것이 이 공간에서 누릴 수 있는 특별한 경험이었다. 그 잔잔한 바다 위에 서해의 낙조가 내려앉는 모습이 금상첨화였던 것은 물론이다. 만약 철근 콘크리트 구조에 고벽돌을 쓰고 비싼 건축 자재를 써서 이곳이 아닌 다른 곳에 건물을 올렸다면 결코 감상하지 못했을 아름다운 광경이었다. 따지고 보면 무이림은 공간에서 무엇을 선택하고 집중할지 잘 설계한, 영리한 기획이 깃든 상업 공간인 셈이다.

바다가 보이는 언덕에 위치한 '무이림'의 가장 큰 자산은 눈앞에 펼쳐진 서해 그 자체이다. 무이림은 아름다운 바다에 매료된 고객들의 눈에 들어오지 않을 요소들을 과감히 생략하거나 축소함으로써 공간의 효용을 극대화했다. **사진** | 무이림

원더, 공간으로 오게 만드는 원리

무이림의 아름다운 바다처럼 어떤 공간을 체험하는 데 있어 이용객들의 뇌리에 확실히 박힐 수 있는 것을 이 책에서는 '원더(wonder)'라 부르기로 한다. 원더란 어떤 공간을 특별하게 만들고, 그럼으로써 사람들의 발길을 이끌 수 있는 요소를 뜻한다. 무이림의 원더는 그곳에서만 볼 수 있는 잔잔한 서해의 풍광으로, 이곳은 주변의 자연 그대로를 공간의 원더로 사용한 예이다. 하지만 대부분의 상업 공간은 자연 그대로보다는 인공적으로 구현한 장치들을 원더로 사용할 때가 많다.

사람들을 끌어모으는 원더의 힘

인공적으로 원더를 만들 때는 각 공간에 최적화되도록 선택과 집중의 법칙을 적용해야 하고, 그 결과 효과적으로 배치된 원더는 그 공간의 인상을 결정하는 중요한 역할을 한다. 이러한 원더의 힘이 잘 적용된 상업 공간의 예로 대표적인 것이 아랍에미리트 두바이의 '두바이몰(The Dubai Mall)'이다.

두바이몰에는 이용객의 눈길을 끄는 여러 원더들이 있는데, 그중 단연 압도적인 것이 엄청난 크기의 대형 수족관이다. 길이 51미터, 폭 20미터, 높이 11미터 크기에 저수용량 1만 톤에 달하는 메인 수조를 두바이몰에 진입하는 모든 이용객들이 감상할 수 있게 만들어 놓은 것이다. 물론 더 가까이에서 관람할 수 있는 '언더워터 주(Underwater Zoo)'의 입장을 위해서는 별도의 입장료를 내야 하지만, 바깥에서도 수족관의 압도적인 모습을 감상하는 데에는 아무런 제약이 없다. 그렇게 이곳의 수족관은 두바이몰의 명물이자 상징이 되었다.

두바이몰에는 그 외에도 실내 폭포 위로 낙하하는 인간을 구현한 조형물인 〈Falling Men〉 등 실로 다양한 원더들이 자리하고 있고, 그 원더들을 모두 감상하기 위해서라도 사람들은 매장이 설치된 쇼핑 공간을 끝까지 돌아보게 된다. 그렇게 수족관을 포함한 원더들이 있는 두바이몰은 다른 세계적인 쇼핑몰과 견주었을 때도 이용객 수가 손꼽힐 만큼 많다.

'두바이몰'의 대표적인 볼거리인 대형 수족관과 〈Falling Men〉은 오픈 공간에 배치되어 있어 지나는 사람 누구나 편리하게 감상할 수 있다. 이러한 원더는 사람들을 끌어들이는 작용을 하고 결국 공간에 활력을 불어넣는다.

사진 | 두바이몰

물론 이곳보다 더 크고 거대한 수족관을 가진 곳도 있고, 전체 쇼핑몰 시공비용에서 수족관을 만드는 비용은 생각보다 큰 비중이 아닐 수도 있다. 하지만 두바이몰처럼 거대한 수족관 뷰를 전체 이용객을 위해 과감히 내어준 곳은 드물다.

만약 두바이몰이 수족관을 유료 관객을 위한 시설로 제한했다면 어땠을까? 쇼핑몰에 온 고객들 중에 추가로 비용을 지불한 사람들만 수족관에 입장할 수 있게 했다면 지금처럼 많은 사람들이 찾는 랜드마크가 되지는 못했을 것이다. 애써 만든 수족관에 입장료를 매겨 수익을 얻는 것보다 누구나 볼 수 있게 하여 쇼핑몰의 상징이자 원더로 활용하고, 그럼으로써 더 많은 사람을 오게 만들어 최종적으로 더 많은 매출을 창출하는 것이 훨씬 유리하다. 이곳의 원더를 감상하기 위해 찾아오는 이용객들과 그로 인해 발생하는 매출은 수족관 입장료 수익을 뛰어넘고도 남을 것이다.

이처럼 오늘날의 상업 공간에서 원더의 존재는 매우 중요하다. 이용객들에게 그곳까지 찾아올 이유를 만들어주는 요소가 되기 때문이다. 원더를 통해 가급적 많은 사람들에게 공간을 소개하고, 그 공간만이 갖고 있는 독특한 특징과 개성을 살림으로써 다른 공간과의 차별점을 만들지 않는다면, 마치 지문이 없는 것 같은 효과를 낳게 된다. 내가 이 공간에 꼭 와야 되는 이유가 없어지는 셈이기 때문이다. 그리고 그런 기능을 위해 안배된 원더는 자연히 두바이몰의 수족관처럼 그곳에 오는 모두가 볼 수 있는 위치에 놓이는 것이 좋다.

공간의 주인공이 되는 원더의 존재

물론 원더라는 것이 꼭 특정한 설치 오브제(objet)일 필요는 없다. 가령 셰프가 몇몇 한정된 테이블의 손님을 대상으로 직접 조리한 음식을 차례로 서브하는 형태의 일식 오마카세의 경우, 그 업장의 원더는 바로 음식을 만드는 셰프의 존재 그 자체다. 그러니 대부분의 오마카세 업장은 음식을 조리하는 셰프가 중앙에 있고, 그 주위로 손님이 앉는 테이블이 있어 모두가 셰프를 볼 수 있는 형태를 띠고 있다. 즉, 어떤 상업 공간의 원더는 그 공간의 모두가 볼 수 있는 중앙에 놓이는 편이 합당하다.

오마카세 중에서 셰프가 고객들의 눈에 보이지 않는 구석에서 요리를 하고 음식만 바깥으로 나와 서브되는 매장은 거의 없다. 마치 수족관이 원더일 수 있는 상업 공간에서 그 수족관을 구석으로 몰지 않고 모두가 볼 수 있는 곳에 놓는 것이 타당한 것과 같은 이치다. 더불어 그런 곳에 원더를 만든다는 명목으로 셰프가 있어야 할 매장 중앙에 조각물을 놓는 것은 반대로 바람직한 원더의 사용이 아니게 된다. 그것은 곧 공간의 주인공이 누구인지를 혼동한 결과이기 때문이다.

공간에 원더가 있고 주인공이 있다는 것은, 곧 그 공간의 기획에 선택과 집중의 법칙이 충분히 고려되고 적용되었다는 뜻이된다. 그렇게 이용객의 기억에 남을 확실한 한 가지를 각인시키는 것은 중요하다. 글로우서울로 의뢰되는 대부분의 요청들이 바로 그 공간의 원더, 혹은 핫플레이스의 포인트가 될 어떤 장치를 만들어 달라는 것이다. 그런데 그런 의뢰들은 대개 공간의 주인공을 기획했으나 그것이 잘 작동하지 않은 경우보다는, 애당초 공간의 주인공이 있어야 된다는 생각 없이 공간이 만들어진 경우가 훨씬 많다. 그런 고민과 기획이 전혀 개입되지 않은 상업 공간이 사람들의 이목을 끌고 매출을 창출할 가능성은 아쉽게도 희박하다.

다른 공간에 비해 상업 공간에서의 성공과 실패란 무섭고도 엄정한 것이다. 예산 제약과 투자비용, 그를 통해 얻는 매출과 순이익의 금전적인 출납은 공간 운영자의 눈에 매달 너무나 분명하게 잡히는 수치이다. 그런 의미에서 선택과 집중의 법칙, 그를 통한 원더의 존재는 비교적 적은 비용을 들여 방문하는 고객의 수와 매출의 규모를 올릴 수 있는 방법이다.

어떤 사람의 눈에는 그런 특별한 공간 기획과 기억에 남을 요소들의 배치가 유별나게 느껴질 수도 있다. 사실 이 모든 것은 오프라인 공간에 대한 수요가 넘쳐나서 공간을 아무렇게나 만들어도 임대 잘 되고 아무나 장사해도 다 잘 되는 시대라면 할 필요가 없는 고민이다. 오프라인 상업 공간의 수익률이 꺾이고 온라인으로 많은 것이 대체되는 시대 속에서, 오프라인 공간 역시 혁신을 이루지 못하면 살아남을 수 없기 때문에 이러한 고민들과 거기에 활용될 법칙들이 필요하게 되는 것이다.

상업 공간은 무엇이 다른가

상업 공간의 원더를 어디에 어떻게 배치하고 어떤 형태로 만들 것인지에 대해서는 다음 장들에서 더 깊이 살펴보게 될 텐데, 그 전에 상업 공간이 다른 공간에 비해 무엇이 어떻게 다른가를 잠깐 살펴보는 것으로 이 장을 마무리할까 한다.

상업 공간과 주거 공간의 체류 시간 차이

대부분의 공간은 누군가에게 사고 팔리는 대상이라는 점에서 상업과 연결되어 있지만, 일반적으로 상업 공간으로 여겨지는 곳은 주로 물품을 판매하는 리테일 매장, F&B 매장, 단기 숙박을 목적으로 한 호텔이나 리조트 등일 것이다. 이러한 상업 공간에서 사람들의 눈길을 확 잡아끄는 원더가 중요한 이유는 그것이 상업 공간의 역할에 부합하는 공간 체험이기 때문이다. 여기서 상업 공간이 다른 공간에 비해 구별되는 가장 큰 특징은 바로, 다른 목적의 공간에 비해 이용객의 체류 시간이 극명하게 짧다는 데 있다. 체류 시간이 짧으니 그만큼 이용객들에게 임팩트 있는 무언가를 심어 줄 필요가 생기는 것이다. 가령 카페에 이용객이 앉아 있는 시간은 1시간, 길어야 2, 3시간일 것이고, 백화점에 손님이 오래 있어도 길어야 3, 4시간이다. 또 다른 상업 공간인 호텔 역시 체크아웃과 체크인 사이에 1박을 묵는 시간으로 따지면 길어야 20시간이 안 되는 셈이다. 그 시간 안에 어떻게든 고객의 눈길을 끌어 승부를 봐야 하는 것이 상업 공간의 운명이다.

앞에서 살펴본 호텔의 예와 같이, 온 공간을 고급으로 꾸민 곳에 비해 특정 공간에만 힘을 주고 나머지 공간의 마감재를 저렴한 걸로 쓴 곳이 만족도에서 그다지 뒤지지 않는 결과를 낳는 것도, 그 공간에 고객들이 머무는 시간이 애초에 길지 않기 때문이다. 고작 하루 머무는 동안 벽의 벽지가 울었는지 아닌지는 그다지 잘 보이지 않을 가능성이 높고, 체류 시간이 짧기 때문에 그 시간 동안 다른 곳으로 시선을 뺏기기도 쉽다. 그런데 그 공간이 만약 내가 거주하는 주거 공간이라면 얘기는 달라진다.

주거 공간의 경우 상업 공간과는 반대로 마감재를 가급적 좋은 걸 쓰는 편이 좋다. 왜냐하면 주거 공간의 이용자들은 그 공간에 오래 머물면서 그것을 경험하고 감상하기 때문이다. 좋은 마감재는 오래 쓸수록 그 진가를 발휘하는데, 우선 유지와 보수가 용이하고, 필름을 덧바른 합판 소재가 아닌 원목 마루의 경우 쓰면 쓸수록 새로운 만족감이 든다. 그러니 상업 공간에 통용되는 선택과 집중의 문법을 주거 공간에 투영하여, 내 집의 원더로 주방을 최고급으로 만들고 다른 공간에 쓸 비용을 무작정 줄인다면 만족스러운 주거 공간이 나올 가능성은 희박하다. 상업 공간의 원더는 내가 오래 머물지 않는 것을 전제로 기획되었지만, 주거 공간은 상대적으로 매우 긴 시간을 머물게 되기 때문에, 그 시간 동안 몸에 닿는 공간들 전체의 퀄리티가 떨어지게 되면 그만큼 공간에 대한 만족도도 떨어질 것이 분명하다. 따라서 주거 공간의 경우는 한 공간에 치중하기보다 전반적인 공간의 퀄리티를 균일하게 가져가는 편이 이용자에게 더 높은 만족도를 줄 수 있다.

물론 그런 조건 속에서도 공간 이용자들이 주거 공간 내에서 선택과 집중을 구사하는 측면은 있는데, 그중 하나가 바로 침대와 의자에 대한 투자다. 과거에는 비싼 침대는 부잣집에서나 쓰는 거라는 인식이 있었지만, 지금은 잠이 곧 건강과 직결된다는 인식 속에 고급 침대에 대한 관심과 수요가 늘어나고 있다. 생각해보면 침대에 누워 잠드는 시간은 그 집의 다른 공간에 머무는 시간에 비해 압도적으로 길다. 전체 집에서 침대가 차지하는 공간은 커봐야 한 평 남짓이지만, 그 한 평의 침대에 머무는 시간은 집 전체의 다른 공간에 머무는 시간보다 길기 때문에 그 공간을 차지하는 침대에 돈을 쓰는 것이 합리적인 소비로 여겨지는 것이다. 이처럼 공간의 역할과 그 공간에 머무는 체류 시간의 정도에 따라 거기에 적용될 선택과 집중의 포인트 또한 변화한다.

오피스 공간과 상업 공간에서의 원더

비슷한 예로 오피스 공간을 생각해볼 수 있다. 오피스 공간 역시 앞서 본 상업 공간과는 사뭇 다른 문법을 갖고, 주거 공간만큼이나 이용자의 체류 시간이 긴 공간이다. 그렇기에 오피스 공간의 역할과 체류 시간을 생각할 때 그곳을 이용하는 이용자에게 좋은 선택은 바로 책상과 의자를 좋은 것으로 놓는 것이다. 이용자 개개인의 체형에 맞는 모션 데스크의 도입이나, 장시간 앉아 있는 의자를 좋은 걸로 쓰고자 하는 욕구가 늘고 있다. 이렇듯 각 공간마다 그 공간의 목적에 따라 기대되는 역할과 기능이 따로 있고, 그 역할과 기능에 따라 그 공간에 적용될 선택과 집중의 포인트는 달라진다.

　가령 공유 오피스의 경우, 그 공간을 홍보하기 위한 포인트로 오피스 중앙의 공용 공간, 상업 공간의 원더에 비견될 어떤 것을 내세우는 경우가 많다. 즉, 아름답게 치장된 공용 공간이 있고, 그곳에서 음료가 제공되고, 푹신한 빈백과 예쁜 소파가 놓여 있어 일하다 잠시 숨 돌릴 때 이곳에서 휴식을 취하라는 식으로 공간이 홍보된다. 이를 통해 다른 공유 오피스 업체와 차별화된 무언가를 내세우려는 시도들이다. 기업들이 그런 선택을 하는 데에는 앞서 언급한 유휴 공간, 나아가 중앙의 원더가 주는 공리주의적 계산이 깔려 있다. 오피스 내 모든 책상과 의자에 돈을 투자하는 것보다 공용 공간의 퀄리티를 조금 더 올리는 것이 적은 투자로 뭔가 눈에 띄는 효과를 거둘 수 있다고 생각하기 때문이다.

하지만 오피스 공간의 경우, 그 공간의 역할과 이용자의 공간 체험에 보다 결정적인 영향을 끼치는 것은 공용 공간의 존재보다는 오히려 오피스에 놓인 책상과 의자의 퀄리티다. 그 이유는 이용자들이 이곳에 장시간 머물기 때문이다. 또 오피스 공간의 주요 목적은 업무를 보는 것이기 때문이다. 실제로 공유 오피스의 잘 차려진 중앙 라운지에 누군가 오래 앉아 있는 경우를 거의 본 적이 없다. 일하는 공간에서 이용자에게 보다 중요한 요소는 책상 크기를 좀 더 키워 쾌적한 업무 공간을 제공하고, 책상의 높이를 조정해 각자의 체형에 맞는 업무 환경을 만들어주고, 의자를 편안한 것으로 바꾸어 업무의 효율을 높이는 것이다. 그러니 공유 오피스 한가운데 놓인 라운지는 겉으로는 상업 공간에 적용되는 선택과 집중의 법칙과 원더를 따라한 것이지만, 결과적으로는 그 공간의 기능과 역할이 무엇이고 거기에 맞는 원더가 무엇인지를 제대로 포착하지 못한 공간일 수 있다.

반면에 상업 공간의 경우, 중앙에 놓인 어떤 원더의 존재는 구색을 넘어서 실제로 그 공간을 이용하는 사람들에게 실용적인 목적을 갖는다. 왜냐하면 그 공간에 들른 사람들은 그곳에 잠깐만 머물기 때문이다. 심지어 이용객의 입장에서는 특정 상업 공간에 내가 꼭 와야 할 아무런 의무도 없다. 주거 공간과 오피스 공간은 생활하고 일하는 공간이니 좋든 싫든 그 공간에 오래 머물러야 하지만, 상업 공간은 사람들이 놀고 즐기러 오는 공간이고, 마음에 들지 않으면 언제든 나가거나 다시 오지 않을 수 있으며, 설령 마음에 들더라도 그곳에 머무는 시간은 잠시뿐이다. 그렇기 때문에 그 짧은 시간 동안 그곳에 온 사람들을 매료시킬 만한 특정한 장치들이 필요해진다.

이렇듯 상업 공간은 주거 공간과 오피스 공간에 비해, 이용자들이 그곳에 올지 말지의 여부가 애초에 크게 열려 있는 공간이다. 주거 공간과 오피스 공간에 비해 훨씬 자극적이고 가시적인, 임팩트가 큰 원더가 실용적인 목적에서 필요한 까닭이 이와 같다. 무슨 수를 써서든지 다른 허다한 공간들 가운데 이 공간이 사람들에게 선택되게끔 만들어야 그다음에 매출이든 뭐든 상업 공간의 앞날을 기대할 수 있는 것이다. 이처럼 다른 공간에 비해 상업 공간에게는 그 공간에 와야만 할 훨씬 강한 유인이 필요하다. 그것은 곧 상업 공간에 어울리는 원더, 즉 상업 공간의 기능과 역할에 부합하는 선택과 집중의 법칙이다.

Chapter 3

차원 진화의 법칙

공간의 차원이 올라갈수록 가치가 높아진다

포토 스팟과 원더 조닝의 차이

오프라인 상업 공간에서 그 공간에 주인공이 될 핵심적인 콘텐츠가 존재해야 하고, 그것이 놓일 유휴 공간의 면적이 적어도 전체의 40% 이상 할애되어야 하며, 그것이 가급적 사람들의 눈에 잘 띄는 자리에 존재해야 한다는 것까지 앞에서 다루었다. 그렇다면 이제 그 40%의 공간을 구체적으로 어떻게 꾸밀 것인지에 대한, 어떤 원더를 만들 것인지에 대한 디테일을 이야기해볼까 한다.

우리가 사는 입체 공간의 인식

우리가 사는 모든 공간은 입체적인 공간이다. 시간이 고정되어 있다고 가정했을 때, 수학적인 차원을 따지자면 우리는 위치·길이·면적·부피를 모두 갖는 3차원의 공간에 살고 있고, 물리적인 차원에서는 x축, y축, z축의 변수가 모두 존재하는 공간에 살고 있다. 거기서 한 단계 내려간 2차원은 면과 넓이로만 이루어진 공간이고, 1차원은 선과 길이만이 존재하는 공간이며, 0차원은 점과 위치만 존재하는 공간인데, 실제로 우리가 사는 공간들 중에 면, 선, 점만으로 이루어진 공간은 존재하지 않는다. 다만 3차원으로 이루어진 입체 공간을 인식하고 접근할 때 3차원적으로 접근하느냐, 혹은 2차원, 1차원, 0차원적으로 접근하느냐의 차이가 있을 뿐이다.

우리가 사는 모든 공간이 3차원적인 공간이므로, 오프라인 상업 공간 또한 당연히 3차원으로 구성된 공간이다. 이 책의 주제는 그 오프라인 상업 공간이 어떻게 하면 사람들의 시선을 사로잡을 수 있고, 다른 공간에 비해 비교 우위를 점할 수 있을지에 대한

것이다. 그럴 때 개인의 취향에 달린 호불호의 영역을 떠나 더 분명하고 뚜렷하게 선호되는 공간들이 있고, 그 공간들 속에 어떤 법칙들이 존재하고 있는지를 파악하는 것이 필요하다. 그랬을 때 사람들에게 더 선호되고 선택되는 공간들 중에는 앞서 말한 좀 더 진화된 형태의 차원이 적용된 요소들이 많이 사용되었을 가능성이 높다.

특정 시야에서만 유효한 포토 스팟

글로우서울에 들어오는 가장 많은 업무 요청이 '인스타그래머블(instagramable)'한 핫플레이스를 만들어 달라는 것이다. 핫하고 좋아 보이는, 그리하여 사람들에게 입소문이 나고 유명해지는 공간을 만들어 달라는 것. 즉, 글로우서울은 뭔가 특이한 공간을 잘 만드는 것 같으니 내 업장에 그런 특이한 뭔가를 만들어 달라는 요청을 많이 받는다. 거기에는 사실 어떤 공간에 뭔가 주인공이 될 만한 원더를 놓겠다는 선택과 집중의 법칙, 이를 위해 유휴 공간을 40% 이상 쓰겠다는 6대 4의 법칙이 이미 상정되어 있고, 이 법칙들까지는 공간을 기획하는 과정에서 어렵지 않게 이해하고 있다는 느낌을 받는다.

그런데 의뢰를 하는 클라이언트들 중에 우리 공간에 '포토 스팟(spot)'을 만들어 달라는 분들이 있고, 원더가 자리 잡을 만한 공간을 만들어 달라는 분들이 있다. 포토 스팟과 원더는 비슷한 의미처럼 보이지만 실제로는 차이가 있는데, 바로 앞에서 말한 공간을 어떤 차원에서 이해하고 있느냐의 측면에서 그러하다.

일단 스팟은 특정 장소에 고정된 점을 가리키는 0차원적인 공간의 개념이다. 포토 스팟의 대표적인 예로 벽에 그려진 날개 모양 벽화를 들 수 있다. 사람들은 그곳에 서서 자기 몸에 날개가 달린 듯한 포즈로 사진을 찍는다. 그럴 때 이용객들에게 그 장소가 의미가 있으려면 벽에 그려진 양 날개 사이 정확한 지점에 위치해야 하고, 그곳에서 벗어나면 날개 그림은 의미가 없어진다. 즉, 미리 정해진 자리에서만 의미가 있는 공간이 곧 포토 스팟이다. 그런 스팟은 최소한의 공간, 즉 한 사람이 서 있을 만한 공간 정도만 필요한 대신에 이용자들에게 자유도를 주지 않는다.

미리 정해진 한 지점의 뷰에서만 유의미한 광경의 또 다른 예로 방송 세트장을 들 수 있다. 촬영장은 기본적으로 미리 세팅된 카메라가 특정 각도로 그곳을 비출 때에만 제대로 된 공간으로 보이게 되어 있다. 만약 지정된 자리에서 카메라가 움직이거나 그 공간에 들어온 사람이 촬영장 뒤편을 돌아본다면, 세트장이 아무리 재벌집 저택처럼 꾸며져 있어도 옆면과 뒷면은 아무 정비도 되지 않은 채 합판과 못이 이리저리 튀어나와 있는 꼴을 보게 될 것이다. 그런 식으로 공간을 꾸미는 이유는 그곳이 카메라로 비출 공간이라는 것이 전제되어 있기 때문이다. 그런데 대부분의 오프라인 상업 공간은 그런 세트장과는 거리가 멀다. 공간에 들어온 사람들은 당연히 자유롭게 돌아다닐 수 있고, 그들의 눈에 비치는 모든 공간이 완성된 형태로 다듬어져 있어야 한다.

모든 방향에서 의미를 갖는 원더 조닝

포토 스팟을 만들어 달라는 의뢰는 대부분 다른 공간은 거의 완성되어 있고 특정 벽면을 지정해 이곳에 사진 찍기 좋은 무언가를 만들어 달라는 경우가 많다. 그것은 앞서 날개 그림의 예처럼 0차원적인 공간 이해의 결과이거나, 혹은 벽이라는 평면에 공간 체험을 국한시킨 2차원적인 공간 이해의 결과물이다. 물론 그렇게 할 경우 그 벽면만 꾸미면 되므로 공간이 크게 들지 않는 등 효율성은 극대화될지 모르지만, 실제로 그 공간을 체험하는 사람의 만족도는 매우 떨어지게 된다. 애초에 그 포토 스팟에 계속 서 있거나 앞에 서서 바라봐야 하는 이상, 그 포토 스팟을 유의미한 뷰로 볼 수 있는 이용객의 수와 시간은 극히 제한적일 수밖에 없기 때문이다.

따라서 어느 한 지점, 어느 한 벽면에서만 사진이 잘 나오는 포토 스팟이 아니라, 어디를 찍어도 그림이 되고, 어디를 찍어도 사진이 잘 나오는 3차원의 입체로 설계된 원더가 놓여야만 그 공간에 대한 만족도가 크게 올라가게 된다. 어떤 원더가 있고 그것이 어느 방향에서 찍어도 사진이 잘 나온다는 것은 그 원더가 애초에 스팟으로 설계된 것이 아니라 3차원의 공간을 상정해 설계되었다는 뜻이다. 그렇게 되면 그것을 바라보는 모든 스팟에서의 뷰가 전부 의미를 갖게 된다. 포토 스팟과 원더 조닝(zoning)이 다른 결정적인 차이다.

글로우서울이 만드는 공간과 원더들 또한 3차원적으로 기획되고, 특징 시야각에서 보이는 특성 뷰를 만들기보다 어느 지점에서 보더라도 아름다운 것을 만들려고 노력한다. 그렇기에 글로우서울이 만드는 원더들은 최대한 진짜처럼 보이게 만드는, 하이퍼리얼리즘(hyperrealism)적인 접근 방식으로 구현해 놓은 것들이 많다. 가령 '온천집'에 있는 온천의 경우가 그런데, 360도 어느 각도에서 보아도 진짜처럼 보이는 원더를 만들어야 했고, 결국 진짜 온천을 구현했다.

특정 각도에서만 그림이 되는 세트장이 아니라 모든 각도에서 진짜처럼 보일 수 있기 위해서는 진짜와 비슷한 정도가 아니라 아예 진짜를 만들어야 하는 것이다. 그것은 어느 특정 스팟에서만 좋게 보이는 것, 특정한 평면을 아름답게 꾸미는 것과는 그야말로 다른 차원의 기획이고, 그렇게 탄생한 공간은 자연히 차원이 다른 공간 경험의 만족도를 낳는다.

3차원 공간에 입체적으로 구현되는 원더는 그만큼 실제처럼 보여야 한다. 어설프거나 조악한 조형물은 원더로서의 기능을 제대로 발휘할 수 없으며 자칫 없느니만 못한 '죽은 공간'이 되어 버린다. '온천집'의 온천이 진짜 온천이 되어야 했던 이유가 여기에 있다.　　　**사진 |** 글로우서울

눈 내리는 날의 '온천집'
사진 | 글로우서울

왜 오브제는 벽에서 멀어질수록 힙해질까

한 공간의 원더가 기본적으로 360도의 모든 각도에서 유의미한 것으로 보이려면, 주위가 모두 트인 공간에 원더가 놓여야 하고, 그렇게 보일 수 있는 가장 좋은 위치는 바로 중앙이다. 그런데 공간 기획을 하다 보면 그런 원더의 요소들을 자꾸 매장의 벽으로 붙이려는 관성을 마주하게 된다. 아무리 3차원적인 조각품을 공들여 만들었다고 하더라도 그걸 벽에 붙여버리는 순간, 그 조각의 뒷면은 영영 볼 일이 없어지는 셈이 되고, 그것은 더 이상 환조(丸彫)가 아닌 부조(浮彫), 즉 평면으로 구성된 2차원 벽의 일부로 기능할 뿐이다. 즉, 어떤 원더를 3차원적인 방식으로 구현한다는 것은 단순히 3차원적인 조각품을 만든다는 의미를 뛰어넘는 것이다.

2차원에서 3차원으로, 공간의 진화

원더를 3차원적으로 구현한다는 것은, 앞에서 살펴보았듯이 그 공간의 위치가 x축, y축과 함께 z축까지 개입해서 정해져야 한다는 뜻이다. 만약 벽면이라면 x축의 너비와 y축의 높이를 통해 어느 특정 지점이 정해질 것이지만, z축이 개입하는 순간 벽면에서 원더가 얼마만큼 떨어져 있는지에 대한 깊이(거리)의 변수가 들어온다. 이것은 특별한 게 아니라 인간이 평소에 입체로 된 공간을 자연스레 인지하는 방식에 가깝다. 그리고 그런 z축의 변수가 낀 3차원의 공간 구현은 어떤 오브제든지 평면인 벽에서 떨어진 형태에서 출발한다. 그러니 3차원적인 조각이라도 벽에 갖다 놓는 순간, 그 오브제는 평면인 벽과 한 몸인 2차원적인 방식을 넘지 못하는 것이다.

반대로 2차원의 평면을 3차원적인 입체 공간의 방식으로 구현한 예가 있다. 연희동에 위치한 카페 '궤도(GWEHDO)'가 그러하다. 이곳의 매장 내부는 큰 사각 테이블이 직사각형의 세 변을 이루는 형태로 배치되어 있고, 테이블 사이 빈 곳에 대형 스크린이 놓여 있다. 스크린은 바닥으로부터 70센티미터 정도 띄어서 설치되어 있는데, 이는 테이블의 높이와 동일하다. 공간을 가로지르듯 천장을 보며 놓여 있는 스크린에는 파도가 치는 영상이 계속해서 비춰진다.

만약 스크린이 매장의 어느 벽에 붙어 있었다면 전혀 특별할 게 없었을 것이다. 왜냐하면 벽에 붙은 스크린에서 파도가 치든 다

익숙한 오브제도 놓이는 위치에 따라, 쓰임새에 따라 완전히 새로운 경험을 선사한다. 카페 '궤도'의 원더인 스크린은 2차원의 물건을 3차원의 방식으로 구현했다는 점에서 매우 영리한 선택이다. 평범한 것을 특별하게 만드는 것은 이처럼 아주 약간의 '낯섦'이다. **사진 | 궤도**

른 영상이 나오든, 그것은 너무나 익숙한 시각 체험이기 때문이다. 그런데 벽면에 주로 붙어 있던 스크린을 매장 중앙에 위를 바라보는 형태로, 그것도 바닥이 아니라 바닥으로부터 일정하게 뜬 공간에 설치하는 순간 그 스크린은 3차원적인 오브제의 특성을 갖게 된다. 가로와 세로의 x축, y축을 넘어서 높이라는 z축의 변수가 추가로 개입하는 셈이다.

물론 스크린은 면을 통해 구현되는 2차원의 물건이지만, 그러한 2차원 평면을 3차원적인 방식으로 배치하고 구현함으로써, 결과적으로 기존의 벽에 붙은 스크린과는 전혀 다른 효과를 내게 된 것이다. 따라서 원더가 될 오브제가 단순히 2차원의 평면이냐 3차원의 입체냐를 떠나서, 그것이 공간 안에서 벽에 붙은 2차원적인 형태로 사용되느냐, 벽에서 떨어진 3차원적인 형태로 사용되느냐가 훨씬 더 중요하다.

더불어 이렇게 공간 구현의 차원이 올라갈수록, 즉 0차원의 스팟에서 1차원의 선, 1차원의 선에서 2차원의 면, 2차원의 면에서 3차원의 입체로 공간 구현의 문법이 진화할수록 이용객들은 그 공간을 더 실감나고 참신하다고 느끼게 된다.

3차원 공간을 3차원답게 쓰는 방식

어떤 원더를 어느 방향에서 바라보든 의미가 있는 오브제로 만드는 것이 중요한 만큼, 그렇게 만든 오브제를 사방 360도에서 효과적으로 감상할 수 있도록 벽에서 떼어놓는 것이 중요하다. 거기에는 사람이 무언가를 감상할 때 개입하는 시선의 원리가 숨어 있다. 테이블과 좌석과 그곳에 앉은 이용객으로 가득 차는 상업 공간의 특성상, 어떤 오브제가 벽에 붙어버리면 그것들은 테이블과 좌석, 그리고 그곳에 앉은 이용객 너머에 있는 무언가로 인식된다. 사람은 다초점 동물이 아니기 때문에 어떤 광경이 시야에 들어왔을 때 먼저 알아채게 되는 것은 벽면에 붙은 오브제가 아니라, 그 앞에 놓인 테이블과 좌석이 될 수밖에 없다.

또한 오브제가 벽에 붙으면 붙을수록 한정된 사람에 의해 한정된 시야에서만 보이게 된다. 가령 태양계에서 태양을 도는 행성들은 공전하는 궤도의 어느 위치에 있든지 상관없이 전부 중앙에 있는 태양을 바라볼 수 있다. 그런데 태양의 위치에 사람이 서 있다고 가정했을 때, 그 사람은 궤도를 따라 공전하는 행성들 전부를 한꺼번에 볼 수 없고, 일부만 한 시야에 볼 수 있다. 따라서 어떤 물체가 중앙에서 멀면 멀수록 그것은 더 적은 사람들에게 더 잘려 나간 형태로 보이게 되고, 물체가 중앙에 가까울수록 더 많은 사람들이 더 온전한 형태로 감상할 수 있게 된다. 그러니 애써 만든 원더를 어디에 배치해 더 많은 고객들의 눈에 띄게 만들 것인지에 대한 답은 자명하다.

일반적으로 어떤 오브제든지 벽에서 멀어질수록 힙해지는 경향이 있다. 반대로 벽에 붙이는 순간 식상하고 뻔해지고, 공간의 구성면에서 재미가 덜해지게 된다. 공간의 기획에서 무엇을 벽에 붙이려는 관성이야말로 공간을 매력적이지 못하게 만드는 나쁜 습관이다. 최대한 많은 사람들에게 좋아 보이는 특별한 공간을 만들고, 그러기 위해 애써 만든 원더가 공간 안에서 제 기능을 하게 만들기 위해서는, 그 모든 것을 벽으로부터 떼어내는 것이 가장 기본적이고 중요한 첫걸음이자 3차원의 입체 공간을 3차원답게 쓰는 방식이다.

그런데 이 중요한 차원 진화의 법칙이 왜 좀처럼 구현되기 어려운 것일까? 왜 어떤 가구나 오브제든지 가급적 벽에 붙이려는 경향이 있고, 그래야만 뭔가 마음이 놓이는 느낌이 드는 걸까? 거기에는 공간을 되도록 절약해 활용해야 한다는, 우리가 오랫동안 학습한 관성과 습관이 자리하고 있다. 우리가 자주 사용하는 공간은 대개 큰 공간보다 작은 공간들이 많고, 따라서 좁은 공간을 어떻게 효율적으로 쓸 수 있는지 고민하는 경우가 더 많다. 실제로 공간이 좁으면 자연히 가구들을 벽에 붙여야만 여유 공간과 이동 공간을 확보할 수 있다. 대신 그렇게 되면 벽에 나란히 붙은 가구의 순서를 바꾸는 것 외에 공간에 특별한 색깔을 주기는 어려워진다.

그에 비해 넓은 공간을 어떻게 창조적으로 쓸 것인지를 고민해본 경험은 상대적으로 드물다. 온라인이 대세가 된 시대에 사람들이 집을 떠나 다른 오프라인 상업 공간을 찾을 때에는, 한정된 넓이의 공간에서 흔히 접할 수 있던 공간 활용의 문법과는 사뭇 다른 체험을 그 상업 공간이 줄 수 있는지의 여부가 중요해진다. 그래야 이용객들에게 더 특색 있고 인상적인 곳으로 뇌리에 남을 수 있기 때문이다.

내가 머무는 주거 공간과 별 차이가 없는 상업 공간이 매력적으로 다가오기는 어렵다. 평소에 머물던 주거 공간에 비해 무언가 다른, 다소 호사스럽더라도 무언가 특별한 것을 가진 공간일 때 사람들은 비로소 매력을 느끼고 그곳을 방문하게 된다.

효율적인 공간에서 고급스러운 공간으로

앞에서 주거 공간과 구별되는 형태의, 상업 공간에서 누릴 수 있는 사치의 감각에 대해 이야기했는데, 말이 나온 김에 주거 공간과 벽면, 그리고 그것과 관련된 공간적 사치에 대한 이야기를 조금 더 풀어보려고 한다.

리클라이너를 집에 놓는 비용

요 몇 년 사이 효도 선물이나 집에 두고 쓸 다소 사치스러운 가구로 안마의자, 혹은 리클라이너(recliner)가 각광을 받고 있다. 뒤로 자유롭게 뉘어지는 리클라이너를 한 번 써보면 거실에 놓이는 소파나 누워서 잠드는 침대와는 또 다른 안락함을 느낄 수 있다. 사람들이 잠드는 시간 외에 앉아서 휴식을 취하는 시간이 꽤 길다 보니, 그 시간을 편하게 보내기 위해 최적화된 1인용 가구를 따로 두고 쓰는 사람들이 늘어난 것이다.

리클라이너가 기존에 흔히 사용하던 소파와 결정적으로 다른 점은 편하게 뒤로 젖히는 기능을 위해 벽에서 어느 정도 떨어져야 한다는 것이다. 즉, 적어도 2평 정도의 공간을 할애해야만 리클라이너를 놓는 것이 가능하다. 그 정도 공간을 할애하는 것을 전제로 리클라이너를 놓는다고 했을 때, 어느 정도 가격대의 리클라이너를 구매하는 편이 현명할까?

모든 상품이 그렇듯이 리클라이너에도 다양한 제품들이 있고 가격대도 천차만별이다. '이케아'나 국내 브랜드에서 만든 가성비 좋은 제품도 있고, 덴마크 명품 가구 브랜드인 '프리츠 한센(Fritz Hansen)'에서 나온 몇 천만 원 대 제품도 있다. 물론 사치를 위해 그런 제품을 사는 사람도 있겠지만, 그런 호사를 누릴 수 있는 사람이 많지는 않을 것이다.

그런데 다른 관점에서 보면 집에 리클라이너를 놓기로 결정하고 2평의 공간을 할애하기로 결정할 때, 그 사람은 이미 리클라이너 구매 비용을 상회하는 비싼 가격을 공간의 비용으로 치른 거나 마찬가지다. 즉, 리클라이너 가구의 가격보다 그것이 놓일 면적의 공간이 사실은 훨씬 비싸다는 뜻이다. 간단히 집의 평당가를 산술적으로 계산해도 리클라이너를 놓는 2평의 값이 리클라이너의 값을 훌쩍 뛰어넘을 것이다. 더욱이 리클라이너를 놓는 2평의 공간만 소요되는 것이 아니라 이 가구를 놓으면서 사용할 수 없게 되는 주변 공간을 포함하면 비용은 훨씬 더 올라간다.

이처럼 주거 공간에 벽으로부터 떨어진 어떤 오브제를 놓는 일은 좀처럼 쉬운 일이 아니고, 상상하는 것보다 많은 비용이 들어가는 일이다. 그러니 어떤 가구나 오브제를 벽에 붙이려는 습관이 생기는 것도 놀랄 일은 아니다. 가구를 만드는 회사들도 그런 습관이 사람들에게 있음을 잘 알고 있기 때문에 저가형 가구의 경우에는 애초에 벽에 붙여서 쓸 것을 상정하고는 벽과 닿을 면들은 아예 마감을 하지 않는 방식으로 비용을 절감하기도 한다.

공간을 인지하고 활용하는 감각과 지식

효율성을 우선시하는 좁은 공간들과 달리, 주거 공간의 크기가 어느 정도 넓어지면 차츰 가구들이 벽에서 떨어지기 시작한다. 드라마에 등장하는 부잣집의 경우만 봐도 거실 소파가 벽에 붙어 있는 경우는 거의 없다. 백이면 백, 벽에서 멀찍이 떨어져 놓여 있고, 벽에서 떨어져 놓이게 되니 자연히 소파의 모든 면이 좋은 자재로 마감되어 있다. 실제로 비싼 가격의 소파들은 뒷면까지 완벽하게 마감된 제품들이 많다. 그럼으로써 그 가구는 다양한 각도에서 감상해도 손색이 없는, 벽에서 분리된 3차원 오브제로 기능할 수 있게 되고, 좋은 가구일수록 벽에 붙였을 때보다 벽에서 떨어뜨려 놓앉을 때 아름다움이 훨씬 배가되는 것이다. 그렇게 배치된 오브제와 그를 둘러싼 공간의 구성을 체험할 때, 사람들은 그 공간이 좀 더 호사스럽다는 느낌을 갖게 된다

물론 그런 큰 주거 공간과 벽에서 떨어진 가구를 모두가 누리는 것은 아니다. 하지만 반대로 공간의 크기나 구조의 형태와 관계없이 어떤 구성과 배치가 더 고급스럽고 좋은 것인지 알아두는 것은 중요하다. 그런 공간을 오랜 기간 경험하는 것은 흔한 일이 아니지만, 어떤 것이 더 고급스럽게 보이는 공간인지에 대한 감각과 지식은 조금만 관심을 가진다면 얼마든지 배울 수 있는 것이기 때문이다. 그런 감각과 지식을 전혀 알지 못할 경우, 설령 언젠가 자신의 공간을 새롭게 꾸며보고 싶어질 때, 자신의 매장을 시작하거나 어떤 공간을 기획해야 할 일이 있을 때 어떻게 해야 공간을 더 고급스럽게 구성할 수 있는지 몰라서 예전 습관대로 공간을 인식하고 활용하게 될 수 있다.

상업 공간의 경우 앞에서도 말했듯 사람들은 자신의 여력에 맞게 최소한도로 꾸민 공간을 원하는 것이 아니라, 평소에 지향하고 욕망해온 이상향의 공간을 잠시나마 누리고 싶어서 그곳을 찾게 마련이다. 그렇기 때문에 어떤 공간 구성과 배치가 사람들에게 특별하고 고급스럽게 느껴지는지, 나아가 어떤 공간이 집에서는 좀처럼 볼 수 없는 공간으로 여겨지는지를 파악하는 것은 상업 공간의 경쟁력을 확보하기 위한 중요한 잣대가 된다.

물론 상업 공간의 면적이 좁은 경우에는 가구와 오브제를 벽에 붙이는 선택을 해야 할 수도 있다. 하지만 그런 조건의 제약 때

문에 생긴 공간 배치가 모든 공간에 당연하게 적용될 수 있는 것도 아니고, 그것이 공간의 효용을 달성하는 유일한 방법인 것도 아니다. 그런 까닭에 가구를 벽에 붙이는 것이 원래 당연한 것이 아니고, 공간이 확보된다면 벽에서 떨어질수록 공간을 한층 고급스럽게 구성할 수 있음을 알아두는 것은 중요하다.

방의 개수가 아닌 방의 면적을 키우는 방식

벽에 무언가를 붙이는 습관이 만들어낸 이상한 주거 문화 중 하나가 바로 아파트에 적용되는 3베드룸 2배스룸, 즉 침실 3개에 욕실 2개를 넣는 공간 구성의 표준이다. 전체 주거 면적의 크기가 작아도 침실 셋, 욕실 둘이 갖춰져야 좋은 집으로 인식되는 문화가 있는데, 이는 유독 한국 사람들이 주로 원하는 니즈이다. 예전에 4인 가구가 대세였을 때는 이러한 공간 구조가 설득력 있고 합리적인 것이었지만, 지금은 2인 가구도 아니고 1인 가구의 수가 압도적으로 많은 상황이다. 그런데 혼자 사는데도 침실 3개를 원하는 니즈들이 여전히 많이 있고, 업체에서도 20평 이상의 집을 만들 때에 어떻게든 이 3베드룸 2배스룸을 확보하려고 안간힘을 쓴다. 그렇게 제한된 평수에서 방을 쪼개다 보니 흔히 '옷방'이라 불리는, 옷을 넣는 용도 외엔 별달리 쓸 수가 없는 작은 방들이 생겨나게 된다. 동일 평수에서 방이 많아지면 방의 단위 면적이 자연히 좁아질 수밖에 없음에도, 방이 너 많은 집을 선호하는 셈이다.

이유는 여러 가지가 있겠지만, 그중 유력해 보이는 이유 한 가지를 꼽자면 다음과 같다. 방을 많이 쪼개면 그만큼 많은 벽을 가질 수 있기 때문이다. 벽의 표면적이 늘어나면 그만큼 벽에 붙일 가구를 많이 놓을 수 있고, 가구를 많이 놓을 수 있는 공간은 곧 작은 공간을 효율적으로 쪼개 쓰던 습관에 따라 더 실용적인 공간으로 여겨지는 것이다. 그런데 조금만 생각을 바꿔보면, 같은 면적의 공간일 때 방의 개수를 줄이고 한 방의 크기를 키운 다음, 늘어난 공간에 들어갈 가구를 벽에 붙이지 않고 떨어뜨려 놓을 경우, 모든 가구를 벽에 붙이는 것보다 훨씬 고급스럽고 새로운 형태의 공간을 연출할 수 있다.

가령 호텔 스위트룸(suite room)은 최고급의 프레지덴셜 스위트가 아닌 이상, 일반적인 주거 공간보다 면적이 월등히 큰 경우가 별로 없다. 일반 호텔 스위트룸 중 90%가 60~80㎡의 면적을 갖는데, 그 중간인 70㎡으로 잡으면 대강 21평대가 된다. 보통 21평대 아파트는 소형 평수로 분류된다. 그런데도 같은 평수의 스위트룸이 일반 주거 공간에 비해 고급스럽게 느껴지는 이유는 주방이나 세탁기 등 가사 노동을 위한 시설들이 전부 공간 밖으로 빠져 있어 다른 호텔 서비스로 대체되는 것 외에, 같은 면적에 비해 방의 개수가 적은 대신 그만큼 방의 단위 면적이 크게 배정되기 때문이다.

그 위 등급인 프레지덴셜 스위트의 경우에도 방의 개수가 많아지는 것이 아니라, 한 방의 크기가 그만큼 커져서 그곳에 묵는 이용객에게 더 많은 공간을 할애하게끔 안배한다. 이렇듯 고급스러운 공간일수록 단위 공간의 면적이 넓어지는 경향이 있다. 더불어 그런 곳에 놓이는 침대 또한 대부분 전체 4면이 벽으로부터 떨어져 있거나, 아니더라도 한 면 정도만 벽에 붙어 있고, 두 면이 벽에 붙은 채 구석에 놓이는 경우는 거의 없다. 그런 모든 것들이 개입해 공간의 호사스러움이 연출되는 것이다.

　1인 가구가 지금처럼 늘어나는 추세를 보면, 앞으로의 주거 공간 또한 비슷한 평수의 스위트룸처럼 방의 개수를 늘리는 것보다는 각 방의 단위 면적을 키우는 방식으로 진화할 가능성이 높다. 면적이 큰 공간에 머물 때 느끼는 넓은 시야감과 개방감은 곧 이용자가 그 공간에 느끼는 만족도와 직결되기 때문이다.

　물론 이 모든 것들은 벽에서 뭔가를 떼어내는 것이 전혀 이상할 것이 없고 오히려 더 좋은 공간 경험이 된다는 발상의 전환이 있을 때 가능하다. 고급스러운 공간이 왜 고급스러운지에 대한 이유를 파악해두는 일이 그래서 중요하다. 그것은 2차원의 벽을 넘어 3차원의 공간을 보다 3차원스럽게 인식하고 활용하는 방식이기 때문이다.

불멍과 물멍의 원리, 4차원의 시공간

3차원적인 공간 활용의 중요성을 살펴봤으니 이제 4차원을 이야기할 차례다. 여기서 말하는 4차원이란 SF 영화에 나오는 기이한 세계가 아니라, 우리가 늘 접하고 있는 시간과 공간의 세계를 뜻한다. 3차원 입체 공간에 '시간'이라는 변수가 더해진 것, 즉 x축, y축, z축에 시간이라는 t축이 더해진 것이 바로 4차원의 세계다.

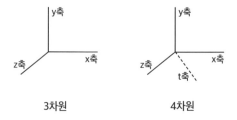

3차원   4차원

인간이면 누구나 경험하는 3차원의 입체 공간을 그보다 낮은 차원인 점과 선과 면으로 접근하는 것보다 3차원 입체에 걸맞은 방식으로 인지하고 활용하는 것이 중요한 것처럼, 3차원 입체 공간 안에서 시간의 변화를 포함한 시공간으로서 세계를 접할 때에도 마찬가지로 움직이는 입체의 공간이라는 4차원적인 개념을 염두에 두고 거기에 접근하는 것이 좋다. 그것이 결과적으로는 차원 진화의 법칙에 충실한 공간 기획과 이용으로 연결되고, 그런 법칙이 적용된 공간이 더 낮은 차원으로 접근된 공간보다 자연히 더 좋은 공간으로 여겨질 확률이 크다. 즉, 공간을 4차원적으로 이해하고 활용한다는 것은 어떻게 보면 현재 이 세계의 실재하는 움직임과 거기에 깃든 데이터를 있는 그대로, 보다 제대로 이해한 결과라 볼 수 있다.

4차원 공간의 핵심 정의란 시간의 흐름에 따라 변화하는 공간이다. 그러니 사실상 지구상에 만들어진 모든 공간은 4차원의 공간인 셈이다. 시간이 흐르는 모든 입체 공간이 4차원이므로, 뮤지컬이나 연극과 같은 무대, 혹은 움직이는 놀이기구 등도 원칙적으로는 4차원의 공간이 될 수 있고, 그렇게 따지면 시간과 함께 존재해온 모든 예술과 행위들이 다 4차원의 범주에 들어간다. 이 책의 핵심은 오프라인 상업 공간에서 참조할 수 있는 공간 콘텐츠의 요소이므로, 그런 4차원의 개념들 가운데 상업 공간의 기능과 역할에 걸맞은 형태의 움직이는 공간은 과연 무엇일까를 다시 고민해볼 필요가 있다.

시간의 흐름이 인지되는 공간

우리가 무인가를 멍하니 비리보게 될 때가 있다. '불멍'이나 '물멍' 등이 그에 해당한다. 그럴 때 멍하게 바라보게 되는 불과 물의 핵심은, 그것이 단속적으로 끊임없이 움직이는 물체라는 것이다. 정지해 있는 물의 화면, 혹은 고여 있는 물을 보고 멍때리는 사람은 별로 없다. '물멍'의 대상이 되는 것은 대체로 개울이 졸졸 흐르거나, 폭포처럼 떨어지거나, 풍차가 돌아가는 형태처럼 흐르고 변화하는 물이다. 마찬가지로 '불멍'도 고정된 스틸 사진의 불꽃이 아니라 끊임없이 흔들리고 변화하는 형태의 불꽃을 대상으로 하는 행위이다. 아무리 고급 타일과 마루로 마감한 공간이라도, 그렇게 고정된 마감재를 멍하니 바라보는 사람은 거의 없다. 뭔가 멍하니 보고 있으려면 기본적으로 그것이 끊임없이 움직이고 있어야 한다. 더불어 그것들은 물체에 얽힌 특정한 서사나 앞뒤 스토리와도 큰 관련 없이, 그저 넋을 놓고 멍하게 바라보게 되는 대상들이다.

이러한 공간 인지는 인간이 자연에서 이미 풍부하게 경험하는 것이기도 하다. 바람에 흩날리며 움직이는 나뭇잎 또한 그것을 오랫동안 멍하게 바라보고 있을 수 있다. 그렇게 시간에 따라 움직이고 변화하고 흐르는 것에 대해, 사람들은 유독 그것을 멍하니 보고 있게 된다. 그런 것처럼 시간의 흐름이 인지되는 공간일수록, 사람은 그곳에 좀 더 오래 시선을 두게 되고, 그럼으로써 그 공간을 좀 더 특별하다고 여기게 된다.

인간이 느끼는 모든 자연의 공간이 실은 그러한 성격을 갖기에 그런 감각은 인간에게 특별히 낯설지 않다. 시간에 따라 흐르는 공간은 지금 현재의 모습이 언젠가는 변하게 될 유한한 것이기 때문에 한층 더 아름답고 귀하게 여겨진다. 가령 어떤 공간 안에 생화가 가득 차 있다면, 그 생화는 언젠가는 질 운명이기에 조화보다 훨씬 가치 있게 여겨진다. 뭔가 그 공간이 더 싱그럽고 쾌적해진 것 같은 기분이 든다. 하지만 만약 그것이 생화를 빼닮은 조화임을 알아차린다면, 생화인 줄 알았을 때 받았던 어떤 현장감이나 생동감은 사라지고, 그 공간은 더 이상 시간이 흐르지 않고 언제까지나 고정된 듯한 느낌을 받게 된다. 즉, 움직이는 4차원이 아닌 고정된 3차원의 오브제로 인식되는 것이다.

이처럼 사람들이 4차원의 시공간을 더 선호하는 것은 어떤 기이하고 이상한 취향이 아니라 인간이 태어나서부터 자연을 통해 자연스레 체득해온 미감에 가깝다. 인간이 살면서 접하게 되는 수많은 아름다움의 요소들이 이미 4차원의 시공간 형태로 구성되어 있기 때문이다.

상업 공간에 최적화된 시공간의 구현

오프라인 상업 공간에 적용하기에 적합한 4차원의 시공간, 흐르는 느낌을 구현한 공간의 실례로는 어떤 것이 있을까? '젠틀몬스터(GENTLE MONSTER)' 플래그십 스토어에 설치된, 동적인 기계 장치로 구현된 키네틱 아트(kinetic art)를 그 예로 들 수 있다. 그 장치

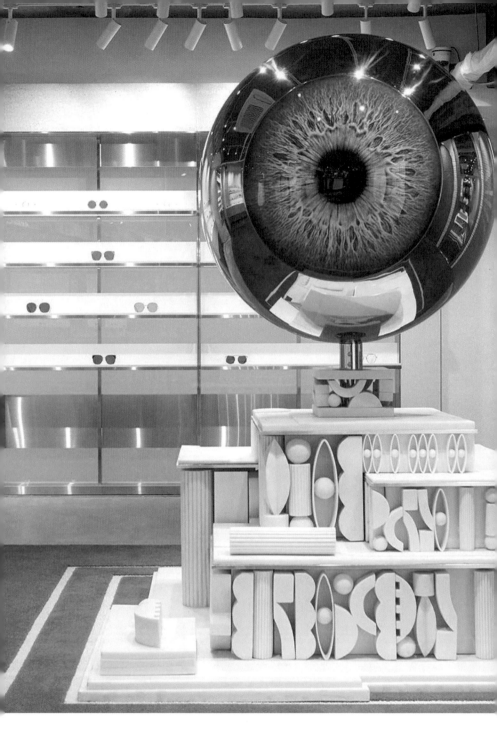

짧은 시간의 움직임을 반복적으로 보여주는 오브제는 방문한 사람들의 시선을 잡아끄는 동시에
부담 없이 보고 지나갈 수 있다는 점에서 오프라인 상업 공간에 매우 적절한 장치이다. '젠틀몬
스터' 플래그십 스토어의 키네틱 아트는 이러한 장점을 잘 보여주는 사례이다. **사진** | 젠틀몬스터

들은 기본적으로 벽면에서 떨어진 3차원 공간에 입체로 구현되어 있고, 나아가 그것들은 움직이는 4차원의 형태를 띠고 있다. 헌데 여기서 주목되는 것은 설치된 키네틱 아트가 움직이는 시간 간격이 그리 길지 않고, 15초 정도의 짧은 시간을 두고 움직임을 반복한다는 것이다. 이것이야말로 오프라인 상업 공간에 응용하기 쉬운, 4차원의 시공간 요소가 적용된 좋은 예시이다.

가령 10분 정도의 길이를 지닌 영상물을 전시하는 미술관이 있다고 하자. 아쉽게도 그런 전시물 중 많은 경우가 그 영상물을 전시할 때 타임테이블이 함께 제공되지 않는다. 그러면 관람객들은 십중팔구 영상이 나오는 중간에 들어가 그것을 보게 되고, 그건 어떤 영화를 중간부터 감상하게 되는 것이나 다름없다. 앞뒤의 순서가 아무 상관없는 영상이라면 얘기가 다르겠지만, 보통 그렇게 편집된 영상보다는 앞뒤의 순서를 어떻게 배치할 것인지 세심히 고려해 10분간의 스토리를 편집해 담은 영상인 경우가 더 많다. 그럴 때 그 영상을 어느 시점에서 보게 만들지는 감상에서 매우 결정적인 요인이 된다. 그리고 극장과 같이 정해진 시각에 맞추어 관객들을 착석시킨 후 처음부터 끝까지 영상을 상영하는 형태가 아닌이상, 전시장에서 스토리를 가진 10분 이상의 영상을 관람객들이 효과적으로 감상하기란 매우 어렵다. 언제 영상이 새로 시작하는지 알기도 어렵다면, 열에 아홉은 중간에 들어와서 시작한지 몇 분됐는지도 모를 영상을 잠깐 보고는 나가버리고 말 것이다. 전시장을 자유로이 돌아다닐 수 있는 이용객들에게 10분이란 너무도 긴 시간이기 때문이다.

헌데 젠틀몬스터 플래그십 스토어의 키네틱 아트는 10~15초 내에 같은 움직임을 반복해서 보여준다. 사람들은 10분에 걸친 움직임을 계속 보지는 않지만, 10~15초 간격으로 움직이는 것들은 잠시 멈춰 보기에 부담이 없다. 종종 '불멍'과 '물멍'처럼 작품을 멍하니 바라보고 있기도 한다. 이 짧은 움직임의 시간이 곧 젠틀몬스터의 키네틱 아트가 지닌 영리한 점이자, 오프라인 상업 공간에 맞춤한 흐르는 공간의 구현이라 할 수 있다.

4차원의 문법으로 접근하는 공간

그것이 어째서 상업 공간에 특화된 움직임인지는 TV 광고에 소요되는 시간을 생각하면 이해하기 쉽다. TV 광고 역시 10~15초 안에 상품과 관련된 모든 것을 보여주고 끝난다. 그 광고가 더 길지 않은 까닭은 시청자들이 광고에 집중하는 시간이 고작 10~15초에 불과하기 때문이다. 마찬가지 원리를 오프라인 공간에 움직이는 물체로 적용한 것이 바로 키네틱 아트인 것이다. TV를 보는 시청자들처럼 상업 공간에 들른 이용객들 또한 어떤 물체를 집중해서 바라보고 있을 시간이 10~15초에 불과하기 때문에, 그 시간 동안 단속적으로 움직이는 것들을 설치해 이용객들의 이목을 끄는 데 성공한 셈이다.

따라서 젠틀몬스터의 키네틱 아트는 4차원의 흐르는 공간이지만, 뮤지컬이나 연극처럼 스토리와 시나리오를 이해해야만 하는 4차원 콘텐츠와는 완전히 다른 성격의 것이다. 이것은 드라마가 있는 4차원이 아니라 오브제적인 4차원, 또는 4차원적인 오브제에 가깝다. 무언가 보려고 작정한 사람들이 아니라 그저 지나가는 사람들을 대상으로도 성공적으로 이목을 끌 수 있는 오브제인 것이다.

그것은 앞서 보았듯이 인간이 자연에서 흔히 느끼는 감각과 크게 다르지 않다. 나뭇잎이 흩날리는 풍경도 그렇고, 물이 폭포로 쏟아지는 광경도 그렇다. 폭포가 쏟아지는 광경에 스토리가 있을 리 없고 끊임없이 반복되는 움직임이 있을 뿐이다. 우리는 그렇게 끝도 없이 이어지듯 움직이는 것들을 주로 멍때리며 언제까지고 바라볼 수 있게 된다. 젠틀몬스터의 독특한 오프라인 공간 기획으로 유명세를 탄 성공 신화는 바로 이런 요소들에서 출발했고, 이를 통해 해외 유명 쇼핑몰에 입점하는 세계적인 명품 브랜드로 거듭날 수 있었다. 실제로 젠틀몬스터의 오프라인 매장들은 항상 키네틱 아트를 보려는 사람들로 북적인다.

이처럼 상업 공간에 최적화된 움직이는 오브제가 공간에 있게 되면, 이용객들에게 큰 임팩트를 불러오게 된다. 가령 폐공장을 개조한 상업 공간의 경우 인더스트리얼(industrial) 무드를 내기 위해 지금은 산업용으로 사용되지 않는 윤전기, 방직기 등 폐기계를 가져다 놓는 경우가 있는데, 그것이 움직이는 것과 움직이지 않는 것은 그 느낌이 천지차이다. 움직이는 원더의 힘이란 그처럼 강력하고, 그것은 곧 4차원의 공간을 4차원의 문법으로 접근한데 따른 자연스런 결과다.

유행을 넘어 진화하는 것들

나아가 그렇게 짧은 간격으로 움직이는 오브제를 담아내기 위한 최적의 온라인 플랫폼이 등장했다. 바로 '틱톡(TikTok)'의 출현이다. 틱톡의 메인 콘텐츠는 짧은 시간 동안 촬영된 영상으로, 재미있는 춤과 반복되는 행위를 담아 그것이 '밈(meme)'으로 빠르게 유통될 수 있는 것이 강점이고, 이를 '숏폼(short-form)' 콘텐츠라 부른다.

움직이는 사진의 역할을 하는 숏폼 콘텐츠

2016년 틱톡이 처음 등장했을 때, 몇몇 사람들은 틱톡이 유튜브의 대항마가 될 것이라고 예상했다. 유튜브에서 대세가 된 10~15분 가량의 영상조차 사람들이 집중해서 보기 꺼려 하니, 10~15초 분량의 영상을 내세운 틱톡이 유튜브를 대신하게 되지 않겠냐는 전망이었다. 그러니 틱톡의 유저 수가 폭발적으로 늘어나면 유튜브 시청자들이 틱톡으로 대거 옮겨 가고 유튜브의 시청 시간이 대폭 줄어드는 등의 타격이 예상된다는 주장이었다.

하지만 몇 년 사이 증명된 것은 틱톡은 유튜브의 대체재가 아니라 인스타그램의 대체재라는 것이다. 실제로 유저들의 서비스 이용 시간을 보면 틱톡이 뜨면서 인스타그램과 페이스북이 더 큰 타격을 받았고, 주가도 구글에 비해 인스타그램과 페이스북을 소유한 '메타(Meta)'가 더 떨어졌다. 메타의 주가 하락에는 여러 가지 요인이 있지만, 그중 결정적인 것은 활성 유저 수의 감소였다. 성장률이 둔화된 것도 아니고 쓰는 사람 자체가 줄었다는 것은 기업의 주가에 엄청난 타격을 주었다. 그리고 그렇게 인스타그램과 페북의 유저가 줄어드는 동안 틱톡의 유저 숫자는 크게 늘어났다.

틱톡이 인스타그램의 대체재라는 증거는 또 있다. 유튜브 시청자 100명 중 실제로 유튜브 영상을 제작하고 있는 사람은 한 명도 채 되지 않을 것이다. 유튜브 시청자들 중 대부분은 유튜브 영상을 스스로 만들겠다는 생각이 없고, 앞으로도 영상을 줄곧 보기만 할 사람들이다. 그러니 어떤 의미에서 유튜브는 기존 방송 미디어의 대체재 역할을 하는 셈이다. TV를 보는 시청자가 TV 프로그램을 직접 만들 일이 거의 없는 것과 같다. 하지만 인스타그램과 틱톡의 경우, 스스로 콘텐츠를 올리는 사람의 비율이 유튜브에 비해 압도적으로 높다. 즉, 남의 스토리를 보기만 할 수도 있지만 나도 뭔가를 올리게 되는 경우가 훨씬 많다는 뜻이다.

이렇듯 틱톡이 유튜브보다 인스타그램에 가깝다는 것은 다음의 의미를 지닌다. 유튜브가 영상 기반의 플랫폼이고 인스타그램이 사진 기반의 플랫폼이라고 할 때, 10~15초 분량의 틱톡 콘텐츠는 짧은 영상이기보다 움직이는 사진의 성격에 가깝다. 실제로 스마트폰 카메라의 화소 수가 늘고 이미지 처리 능력이 향상되면서, 여행을 가거나 친구들과 추억을 남기고 싶을 때 스틸 사진보다는 라이브 포토 기능 등을 활용해 짧은 영상을 찍는 경향이 늘어났다. 사진을 찍더라도 그렇게 짧은 영상 형태로 찍은 것들 중에 마음에 드는 컷을 AI가 골라주거나 유저가 직접 고르는 식의 사용 형태가 자리 잡게 되었다. 아예 그렇게 찍은 짧은 간격의 영상을 그대로 인스타나 틱톡에 올리는 경우도 늘었다. 그런 짧은 영상이 고정된 사진보다 현장을 더 생동감 있게 담아낼 수 있고, 그 순간의 분위기를 더 극적으로 표현할 수 있기 때문이다. 그렇게 호흡이 긴 스토리를 담은 영상이 아니라 잠깐 동안 반복되는 단순한 행위를 담기 위한 숏폼 콘텐츠가 유행을 타는 중이다.

반복적으로 움직이는 오브제의 효과

그렇다면 그런 숏폼 콘텐츠에 담기기 최적화된 공간은 어떤 모습일까? 바로 10~15초 분량의 영상으로 담길 수 있는, 특정 장소에 설치되어 그 시간 동안 무언가 일정한 변화를 감지할 수 있는 공간이 적절하다. 가령 내부가 예쁘게 꾸며진 상업 공간들은 많고 많은데, 그 공간의 전체적인 아름다움은 사진이나 짧은 영상으로는 담아내기 어려운 경우가 많다. 그러니 그 공간의 이용객들은 여러 포인트에서 볼 수 있는 다양한 뷰 가운데 몇몇의 사진을 찍거나, 아니면 스마트폰 카메라를 움직여가며 내부 공간을 촬영하고는 한다. 그런데 움직이는 사진이 대세인 지금, 내부 공간을 휘저어가며 찍은 영상은 보는 사람들을 성공적으로 집중하게 만들기 어렵다. 어떤 뷰 하나에 집중하기에도 10~15초의 시간은 매우 짧기 때문이다. 마찬가지로 틱톡에서 인기 있는 영상은 대부분 카메라가 고정된 상태에서 피사체가 움직이는 콘텐츠들이다.

그렇기 때문에 그런 숏폼 콘텐츠로 담기 좋은, 10~15초 내에 반복적으로 움직이는 오브제가 매장 내부에 설치되는 편이 좋다. 실제로 글로우서울의 매장을 촬영한 짧은 영상들도 인스타 스토리나 틱톡의 숏폼 콘텐츠로 많이 올라가 있고 조회수도 높은 편인데, 그 영상들 중 대부분은 카메라가 고정된 채로 매장 안의 무언가 움직이는 오브제를 촬영한 것이다. 가령 '소하염전' 같은 경우 '무자위'라고 부르는 염전 물레가 돌아가고, 온천집에서는 온천수와 증기가 나오고, 아니면 폭포가 떨어지거나 시시오도시(鹿威し)가 움직이는 등, 글로우서울 매장의 어느 한 곳에는 거의 반드시 그런 움직이는 오브제가 설치되어 있다.

사실 글로우서울의 매장들이 처음 생겨날 때는 틱톡과 같은 숏폼 콘텐츠들이 유행하고 있지도 않았다. 움직이는 오브제가 각

특별한 주제나 큰 변화 없이 단순한 움직임을 반복하는 오브제는 글로우서울이 선보이는 공간
들에서 공통적으로 찾아볼 수 있는 요소이다. 카페 '치즈인더스트리'의 '움직이는 소' 오브제 역
시 단순한 동작을 반복하여 보는 이들의 눈길을 끈다.

사진 | 글로우서울

광받는 흐름을 만나 자연스레 그 매장들의 원더들 또한 주목을 받기 시작한 것이고, 젠틀몬스터의 움직이는 키네틱 아트도 사람들의 눈을 사로잡게 된 셈이다. 이렇게 움직이는 4차원의 공간을 짧은 시간 안에 손쉽게 촬영해 사람들에게 공유하기에 적합한 형태로 설계된 원더일수록, 숏폼 콘텐츠를 통해 사람들에게 더 자주 노출되는 효과를 갖게 된다.

유행이 아니라 진화의 관점에서 보는 법칙

공간 기획에 관한 강의에서 숏폼 콘텐츠와 이에 적합한 공간 활용에 대한 내용을 전달하다 보면 이런 질문을 해오는 경우들이 있다. 틱톡으로 대표되는 숏폼 콘텐츠도 결국은 유행의 일부일 테고 유행은 돌고 도는 것이니 결국 이것도 다른 유행처럼 쉽게 휘발될 것인데, 그런 트렌드의 흐름에 맞춰 공간에 많은 비용을 투자하는 것이 사업상 타당하겠느냐는 질문이다. 하지만 유행과 진화는 다르고, 트렌드와 법칙은 다르다. 숏폼 콘텐츠의 핵심은 움직이는 공간을 포착하는 데 있고, 그 움직이는 4차원의 공간은 3차원의 고정된 공간, 2차원의 평면 공간, 1차원의 동선, 0차원의 스팟과는 근본적으로 다른 원리를 가지며, 차원이 높아짐에 따라 공간에 대해 전혀 다른 수준의 기능과 체감의 폭이 실현된다. 따라서 이는 단순히 '차원의 유행'이 아니라 '차원의 진화'라는 관점에서 보아야 한다.

물론 유행은 돌고 돈다. 레트로, 젠 스타일, 아메리칸 빈티지, 유럽풍 등 인테리어의 각 사조와 풍조의 유행은 삽시간에 바뀐다. 강의 현장에서 만나는 사람들은 그 유행의 관점에서 내년에는 어떤 트렌드가 올 것인지 물어올 때가 많다. 내년엔 뭐가 유행할지 점찍어 달라는 주문인데, 결론부터 말하면 그런 건 불가능하다. 미래는 애당초 정해져 있지 않고, 따라서 예측할 수도 없다. '슈뢰딩거의 고양이(Schrödingers Katze)'와 불확정성 원리가 우리에게 일러주는 것처럼, 미래의 고양이는 살아 있거나 죽어 있는데 우리가 그걸 모르는 것이 아니라, 미래의 고양이는 살아 있지도 죽어 있지도 않은 중첩 상태에 있다는 것이 더 정답에 가깝다. 미래의 고양이를 살아 있거나 죽어 있다고 판단하면 안 되는 것처럼, 내년에 어떤 풍이 유행할지 점지해내는 것은 근본적으로 불가능한 일이다.

나아가 유행은 보통 천부적인 재능을 가진 몇몇 천재들이 만들어낸다. 가령 음악 장르를 예로 들면, 재즈가 우월하냐 록이 우월하냐 팝이나 R&B가 우월하냐 하는 것은 애초에 성립하지 않는 논쟁이다. 취향과 스타일, 장르 간에는 서로 우열을 따질 수 없다. 우열이 있는 것은 한 장르 안에서 만들어지는 곡들 간의 클래스다. 예를 들어 록 장르에서 '비틀스'라는 불세출의 밴드가 압도적인 클래스를 자랑하며 등장했다면, 그 비틀스가 하는 록이 곧 음악의 유행을 선도하게 된다. 그 음악의 장르가 록이어서 그렇다기보다 록이라는 장르 안에 비틀스라는 밴드가 천재적인 클래스의 곡을 내놓았기 때문에 그들의 음악이 유행을 이끈 것이다.

이처럼 스타일에는 우열이 없지만, 클래스는 영원하다. 이 말은 패션 디자이너 코코 샤넬의 말인 "패션은 지나가도 스타일은 남는다(Fashion changes, style remains)"와 잉글랜드 리버풀 FC 축구팀의 감독이었던 빌 샹클리(Bill Shankly)의 말인 "폼은 일시적이지만 클래스는 영원하다(Form is temporary, class is permanent)"를 내 식으로 비튼 것이다.

건축과 인테리어 디자인도 마찬가지다. 복고풍과 젠 스타일과 프랑스풍의 맥시멀한 인테리어와 바로크풍의 인테리어 중 어느 특정 사조가 우월한 것이 아니라, 각각의 스타일 안에서 누가 어느 정도 클래스의 완성도를 보여주는지가 더 중요하다. 그리하여 어떤 천재 건축가가 미친 듯한 완성도를 갖춘 젠 감성의 건축물을 만들어내면 갑자기 그 공간이 힙해지면서 젠 스타일이 유행하는 것이다. 유행은 업계 관계자들뿐만 아니라 그 너머에 있는 대중에까지 회자되는 것을 일컫는데, 어떤 스타일 가운데 압도적인 클래스를 가진 결과물을 내놓으면, 그 분야에 문외한인 대중의 입장에서도 그 차이를 알아볼 수 있게 된다.

가령 2021년 명품 브랜드 디올이 서울 성수동에 팝업 스토어를 열었는데, 팝업이라는 말이 무색하게 정규 매장에 버금가는 공과 노력을 쏟아부어 엄청난 퀄리티의 모던 프렌치 공간을 선보였다. 그러자 갑자기 공간 기획계에 프렌치 바람이 불어 너도나도 디올 팝업 스토어를 레퍼런스 삼은 프로젝트 기획을 요청해왔다. 그러면 자연히 모던 프렌치풍의 공간이 유행을 휩쓸게 된다. 유행은 그런 식으로 만들어진다.

그러니 미래에 어떤 것이 유행이 될지를 점치는 것보다 공간의 퀄리티와 클래스를 어떻게 끌어올릴 것인지를 고민하는 편이 더 유익하다. 그런 의미에서 유행이 아닌 법칙과 진화를 이야기한 것이다. 유행은 돌고 도는 것이지만, 움직이는 4차원 공간이 각광 받는 것은 앞서 말한 대로 우리가 평소에 느끼는 공간 체험과 결부 된, 공간을 인지하고 향유하는 감각과 차원이 진화되어 생긴 결과 이기 때문에 움직이는 4차원 공간의 유행이 역행하여 3차원, 2차 원 공간의 유행으로 돌아가는 일은 앞으로 생기지 않을 것이다. 미디어와 기술의 발전으로 움직이는 공간을 포착하고 기록하고 그것을 널리 공유하는 일이 가능해진 만큼, 그 모든 자본의 축적과 기술의 발전과 확충된 인프라가 어느 날 갑자기 핵전쟁으로 모조리 파괴되어 문명 전체가 퇴보할 경우라면 모를까, 문명이 꾸준히 발전하는 한 그것은 역행할 수 없는 흐름이자 방향이 될 것이기 때문이다.

앞에서 살펴본 다른 법칙들도 마찬가지다. 유휴 공간에 40% 이상을 투자하라는 6대 4의 법칙이 법칙일 수 있는 이유는 앞으로 살아남을 공간의 경우 유휴 공간의 지분이 전체의 40%를 넘으면 넘었지 줄어들 가능성은 적기 때문이다. 선택과 집중의 법칙이 법칙인 이유도 앞으로 살아남는 공간에서 원더의 존재가 더 중요해지면 중요해졌지 덜 중요해질 리는 없기 때문이다. 마찬가지로 차원 진화의 법칙이 법칙인 까닭은 벽면의 원더보다 벽에서 떨어진 입체의 원더, 움직이지 않는 원더보다 움직이는 원더가 더 효과적이라는 사실은 변하지 않을 것이기 때문이다. 그러한 법칙들은 지금 유행하고 있거나 앞으로 유행할 어떤 공간과 그곳의 원더가 어떤 스타일이냐 하는 것을 상회하는 거대한 흐름이다. 즉, 이것은 트렌드를 넘어서는 패러다임의 전환이라 할 수 있다.

　유행에는 답이 없지만, 살아남는 공간의 법칙들에는 답이 있다. 유행은 돌고 도는 것이고 스타일과 장르에는 우열이 없지만, 클래스에는 우열이 있고 그 클래스의 우열을 결정하는 요소 가운데 진화하는 것이 존재하며, 그 진화의 흐름은 역행하지 않는다. 진화는 같은 평면 위를 돌고 도는 것이 아니라 나선형으로 상승하는 것이고, 유행과 진화는 다른 것이다. 공간을 기획하고 향유하는 사람은 유행이 아닌 진화의 흐름을 보아야 한다. 그래야만 돌고 도는 유행을 뛰어넘는 안목을, 유행 아래 깔린 맥을 보는 눈을 갖출 수 있다.

Chapter 4

최대 부피의 법칙

높고 큰 공간이 사람을 매혹시킨다

큰 공간을 찾는 사람들

최근 파주는 대형 카페의 성지가 되었다. 650평의 규모를 자랑하는 '더티트렁크'로부터 시작된 대형 카페들의 전쟁은 1,000평이 넘는 '문지리 535'를 필두로 갈수록 규모가 곧 경쟁력으로 비춰지고 있다. 요즘 인기 있는 대형 카페들의 건축 양식은 대부분 유사하다. 거대한 창고나 식물원을 모티브로 최대한 뻥 뚫린 공간을 제공하는 것이 핵심이다. 거기에 갓 구운 베이커리와 커피는 물론이고, 유리온실 안에 식물을 배치하는 방식으로 대부분의 공간들이 마무리 된다.

이러한 초대형 카페는 큰 공간만이 가지는 이슈와 스토리로 사람들을 끌어당긴다. 스펙터클한 공간을 통해 방문객들에게 제공할 수 있는 즐거움의 가능성이 훨씬 커지기 때문이다. 한곳에 머무르며 오감으로 경험하는 자극은 신선하고 감각적이다. 최근 들어 압도적인 뷰를 자랑하는 곳마다 상업시설이 기하급수적으로 늘어나는 이유기도 하다.

큰 공간이 주는 만족감

커피를 마신다고 가정해보자. 단순히 커피를 마시는 것이 목적이라면 집이나 사무실에서 믹스커피를 타 먹어도 그만이다. 하지만 사람들은 따로 시간을 내 일부러 큰 카페나 인기 있는 장소를 찾는다. 이 말은 곧 그들의 소비 감정에 커피를 마시는 일 그 이상의 욕구가 깔려 있다는 뜻이 된다. 커피 한 잔 값으로 아름다운 시티뷰를 감상할 수 있거나 푸르게 펼쳐진 바다의 절경을 볼 수 있다면, 누구라도 한 번쯤 발길을 돌려 들어가 보고 싶지 않을까?

값을 지불하고 소유하는 영역은 광대한 시야까지도 포함한다. 아름다운 전경을 실제 소유하고 있지 않을지라도 돈을 내고 사용하는 시간만큼은 온전히 내 것일 수 있다는 점이 초대형 카페의 매력이라 할 수 있겠다. 이처럼 사람들의 심리 기저에는 큰 공간을 추구하고 점유할 때 느끼는 만족감이 있다.

참고로 크고 넓은 카페라고 해서 좌석의 규모도 넓은 것은 아니다. 내 몸이 직접 맞닿는 곳만 놓고 이야기한다면 그 공간의 크기는 큰 카페나 작은 카페나 크게 다르지 않다. 어느 자리에 앉든 좌석의 크기는 0.3평 남짓에 불과하고, 테이블과 의자를 합쳐도 0.5평을 넘지 않을 것이기 때문이다. 이것으로 대형 카페는 실제로 큰 공간을 고객에게 지급하지 않고도 돈을 벌 수 있는 수익성을 확보하게 된다.

큰 공간에는 두 가지 의미가 있다. 하나는 실제로 사용할 수 있는 장소가 넓고 크다는 의미이고, 다른 하나는 내 시야에 담을 수 있는 장소가 넓고 크다는 의미의 공간, 일명 '점유 공간'이 큰 공간을 가리킨다. 점유는 내가 실질적으로 차지하고 있는 물리적 공간 외에 시야에 보이는 공간까지 모두 포함한다. 창밖의 풍경을 실내에서 창문을 통해 바라보는 것과 문을 열고 나가서 탁 트인 풍경 앞에 서서 바라보는 것에는 큰 차이가 있다. 아무리 실내를 아름다운 오브제로 채워 놓았다 할지라도 점유하는 공간이 클 때 사람들이 느끼는 공간에 대한 만족감이 훨씬 더 큰 것은 자명하다.

공간에 대한 소유와 점유의 차이

소유와 점유의 차이에 대해 좀 더 자세히 살펴보자. 소유는 말 그대로 내 명의로 된 '내 것'이다. 소유권이 나에게 있다. 물건이나 장소에 대해 정당한 주인이 된 상태이며, 그것에 대한 권리를 내가 갖는다. 반면 점유는 소유와 다르다. 영화 〈기생충〉을 예로 들어보자. 영화에는 어느 부잣집에 빌붙어서 기생하며 살아가는 가족의 이야기가 나오는데, 영화에서 '반지하'는 현재 등장인물들의 처지를 명확히 보여주는 중요한 공간이다. 땅의 지면을 경계로 두고 지상은 주인이 '소유'하고, 지하는 그곳을 '점유'하고 있는 누군가가 살아가고 있다. 소유권은 집주인에게 있으나 누군가가 지하를 차지하고 생활하고 있는 것이다.

영화의 영향 때문은 아니겠지만, 실제로 열악한 주거환경을 지칭하는 이른바 '지옥고(반지하, 옥탑방, 고시원)' 중에 반지하는 특히 인기가 없다. 반면 옥탑방은 상대적으로 좋은 평가를 받는데, 거기에는 나름의 이유가 있다. 실제로는 겨울에 춥고 여름에 덥고 주변의 소음이나 거주환경이 딱히 좋지 않을지라도 시야가 좋고 멋진 뷰가 나오는 옥탑방은 쉽게 매물을 구하기 어려울 정도로 인기가 있다. 옥탑방에는 나의 마당이 있고(비록 주인이 올려다 놓은 화분이나 쓰지 않는 물건들이 한쪽에 가득 쌓여 있을지라도), 나만의 프라이빗한 공간이 보장된다.

비록 실질적인 거주 공간은 3, 4평일지라도 내가 점유하는 마당은 생활하는 동안에는 나의 소유로 느껴진다. 주인집에서 빨래를 널러 올라올 때 말고는, 항아리에서 된장을 퍼가기 위해 올라올 때 말고는 내가 점유하는 시간 동안 나의 소유인 것이다. 이때 '소유'는 나에게 소유권이 있다는, 즉 명의가 내게 있다는 뜻은 당연히 아니다. 폭넓은 의미로 시야에 보이는 것까지가 점유인데, '점유하고 있다'는 그 느낌을 어떻게 느끼게 하느냐가 중요하다. 옥탑방의 마당과 옥탑에서 보이는 시야가 나의 것일 때 그 시간이 나의 점유, 나의 소유임을 느낀다. 이때 인간은 누군가가 '너의 것이야'라고 말해주지 않더라도 내가 느끼는 그 순간에 내가 '점유'하고 있음을 알 수 있다. 비록 한정된 시간일지라도 내 시야가 닿는 공간까지 내가 소유하고 있다고 느끼는 것이다.

풍경이 좋은 루프탑은 그런 면에서 인기만점이다. 멋진 풍광을 찾는 사람들에게 이런 공간이 사랑받지 않을 이유가 없다. 정주 환경이 열악한 사람들에게 어떤 공간이 멋진 풍경을 볼 수 있는 점유 공간을 제공한다는 것은 사람들을 끌어당기는 마력을 갖는다.

큰 공간을 선호하는 또 다른 이유로 먼저 MZ세대의 특성을 파악할 필요가 있다. 오늘날 2030세대를 아우르는 MZ세대의 가장 큰 특징은 이전 세대와는 다르게 '디지털 네이티브(digital native)', 즉 태어날 때부터 디지털 환경을 접해왔다는 것이다. 그 영향으로 MZ세대는 이전 세대보다 스마트폰과 모바일 환경에 익숙하고, 디지털 문화를 향유하길 좋아한다. 또한 자신의 개성을 중시하고 사생활을 존중 받기 원하는 성향이 강하다.

2020년 이후 대형 카페들이 주목을 받는 것은 우연이 아니다. 청년들의 주거환경이 열악해지고 외부 공간에서 생활하는 시간이 늘어나면서 넓은 시야를 확보할 수 있는 대형 공간을 선호하고, 이를 디지털 세상에 공유하면서 큰 공간을 향한 사람들의 관심은 계속 커져가고 있다. 이로 인해 카페는 점점 대형화되고, 오프라인 공간은 럭셔리화된다. 이제는 커피 한 잔 값으로도 호텔과 맞먹는 정도로 좋은 공간의 서비스를 누릴 수 있다. 창문도 없는 좁은 집에서 잠을 자야 하는 청년들의 애환과 맞닿아 있어 시야가 트인 넓은 공간에 대한 요구를 채워주는 곳이 더욱 각광받고 있는 건 아닐까.

수직으로 지번이 쪼개지지 않은 공간의 힘

앞에서 사람들의 이목을 끌 수 있고 많은 고객들이 찾을 수 있는 오프라인 상업 공간의 조건에 대해 이야기했다. 그런 핫플레이스들 중 대표적인 예가 바로 대형 카페들이다. 그렇다면 사람들은 대형 카페의 정확히 어떤 공간적인 요소들에 매료되는 걸까? 이왕이면 큰 공간인 편이 움직이기도 좋고 근사해 보이니 좋은 것 아니냐는 생각을 쉽게 할 수 있는데, 그런 감각들 가운데 정확히 어떤 요소들이 그 큰 공간을 좋게 느끼게끔 하는지 따져보는 것도 의미가 있다.

성수동을 핫플레이스로 만든 지번의 비밀

우선 큰 공간에 가면 시야가 탁 트이는 개방감을 맛볼 수 있는데, 그런 커다란 공간감은 주거 공간이나 오피스 공간에서는 좀처럼 느끼기 어려운 체험이다. 집에서 느낄 수 있는 공간 체험과는 어딘가 다르고 특별한 공간의 요소가 그런 대형 카페에도 적용된 셈이다. 몇 년 사이 핫플레이스로 부상한 성수동의 대형 카페의 경우들이 특히 그러하다.

과거 성수동 지역의 건물들은 주로 창고나 공장 부지였다. 그런 용도로 사용된 후 방치된 큰 건물을 활용해 커다란 상업 공간을 기획한 것이 성수동 핫플레이스의 성공 비결이다. 부피가 큰 상업 공간이 만들어지려면, 건물이 들어설 지번(地番)의 단위 면적이 넓게 구획되어 있어야 한다. 성수동은 지번의 구획이 500평 이상 규모로 나누어진 서울 시내 몇 안 되는 지역이다. 서울의 경우 성수동 외에 500평 이상의 지번을 갖고 있는 상업 용도 공간은 대부분 시내 중심 상업 지역에 있는 대형 빌딩 부지들뿐이다. 상업용 부동산 개발에서 큰 부지의 존재는 매우 중요하고, 이렇듯 분할되지 않은 큰 지번의 존재야말로 성수동을 핫플레이스로 자리 잡게 만든 핵심적인 '상업적 퍼텐셜(potential)'이다.

지번이란 부동산을 행정·법정 상으로 분할해 파악하는 단위이다. 그 지번, 번지에 배당된 토지의 형태는 그곳에 세워지는 건물과 부동산의 형태를 좌우한다. 성수동의 경우 넓게 배정된 지번을 쪼개어 개발하지 않고, 500평 부지 안에 들어선 하나의 커다란

건물에 하나의 MD(상품기획자)가 들어와 상업 공간을 기획한 것이
큰 장점이 되었다.

그렇게 성수동에는 초대형 매장들이 자리 잡기 시작했고, 그
런 까닭에 지금도 성수동은 골목이나 길로 존재하지 않고 명소가
된 주요 상업 공간의 집합으로 존재하는 상권의 특성을 갖는다. 각
MD들이 꾸민 수백 평짜리 매장들이 곳곳에 있고, 그것들을 둘러
보는 사람들이 특정한 동선을 따르지 않고 넓은 권역을 자유롭게
활보하는 특징이 거기서 나왔다.

쪼개는 건 쉬워도 합치는 건 어렵다

기본적으로 단위 면적이 큰 상태로 남아 있는 번지의 존재란 귀한
것이다. 원래 부동산은 놔두면 놔둘수록 번지가 잘게 쪼개지는 경
향이 있는데, 부동산 소유자 및 임대인의 입장에서는 부동산을 쪼
개어 임대할수록 더 이익이 되기 때문이다. 예를 들어, 익선동에
10평짜리 한옥과 60평짜리 한옥 두 채가 나란히 있다고 생각해보
자. 10평짜리 한옥이 현재 월 500만 원의 임대료에 거래된다고 가
정할 때, 그 옆에 있는 60평짜리 한옥이 그보다 6배 넓다고 해서
임대료가 6배인 월 3,000만 원에 거래되지는 않는다. 이런 경우 익
선동에서 임대료가 제일 비싼 60평짜리 한옥이라도 월 1,500만 원
선에서 거래된다고 보는 게 일반적이다.

이럴 때 임대인 입장에서는 당연히 60평 매장 하나를 임대하

는 것보다 10평씩 쪼개어 6곳의 매장으로 임대하는 편이 훨씬 이익이다. 똑같은 60평임에도 평당 임대료 차이가 발생하는 것이다. 임차인 사업자의 입장에서도 공간이 크고 임대료가 비싼 60평 매장보다는 공간이 다소 좁더라도 당장 임대료 부담이 덜한 10평짜리 매장을 계약할 유인이 더 커지게 된다. 이런 원리로 인해 같은 평수의 부동산을 잘게 쪼개면 쪼갤수록 임차인을 구하기는 쉬워지고, 한편으로 건물주의 임대료 수익은 더 올라가는 일석이조의 효과를 낳게 된다. 자연히 상권이 흥할수록 그 상권에 속한 부동산의 번지는 자꾸 쪼개지고 분화되는 현상을 겪게 된다.

반면에 한 번 지번으로 쪼개진 땅을 반대로 다시 합치는 것은 매우 어렵다. 부동산 개발의 법칙 가운데 하나는 땅을 잘라서 각각 팔기는 쉬워도 한 번 갈라져 주인이 각각 달라진 땅을 하나로 합치는 것은 매우 어렵다는 것이다. 부동산 매매는 기본적으로 한 번지가 한 사람에게 소유권이 이전되는데, 가령 100평의 번지는 대개 100평 통째로 한 사람의 소유자에게 매매된다. 그런데 그 번지가 한 번 50평으로 나눠져 소유자가 두 명이 되면 그때부터는 소유자가 다른 각각의 50평의 토지를 다시 100평의 번지로 합치는 것은 어려워진다.

잘게 쪼개진 번지의 합필이 어려운 예로 부동산 개발사업 시행사들 사이에 도는 이야기가 있다. 마을 하나의 재개발 동의를 받는 것보다 빌라 6동의 합의서를 받는 것이 더 어렵다는 말이다. 한 마을의 재개발에 얽힌 수천 명의 불특정 다수가 있을 때는 재개발을 하자는 쪽으로 여론이 한 번 쏠리면 그 흐름대로 기울어지기가 오히려 쉬운 편인데, 빌라 6동의 경우는 일단 그곳에 사는 특정 당사자들의 이해관계를 조율해야 하고, 그것을 달성하는 일은 전자보다 현실적으로 더 어렵다는 뜻이다.

그 이유 중 하나가 마지막까지 버티는 사람이 가장 높은 보상금을 받을 수 있는 구조이기 때문이다. 소위 '알박기'의 예는 이미 친숙한 것이거니와 빌라 단위의 토지개발은 한 명이라도 반대할 경우 성사되지 않는 만장일치의 의사결정구조를 갖기 때문에, A라는 집단이 와서 이곳 토지를 매입하고 있음을 눈치 챈 거주자가 있다면, 그 사람은 자기가 보유한 부동산의 값을 이전보다 훨씬 높게 부르기 마련이다. 토지 소유자의 입장에서는 그 부동산이 대개 평생을 바쳐 이룩한 재산이기 때문에 부동산을 처분할 때 평당 100만 원이라도 더 받아내려는 것이 인지상정이다. 따라서 그걸 조율하는데 길게는 10년이 걸리는 때도 있고, 그러다 보니 그 정성과 노력이면 이미 합필되어 있는, 애초에 번지의 면적이 큰 땅을 매입해 건물을 올리는 편이 훨씬 유리한 선택이 된다.

분할되지 않은 토지의 상업적 퍼텐셜

부지가 계속 쪼개지는 현상은 열역학 제2의 법칙, '엔트로피(entropy)'의 개념과 비견될 수 있다. 간단히 요약하면 질서에서 무질서로 가는 것은 쉬워도 무질서에서 질서로 가는 것은 극히 어렵다는 원리이다. 여기서 엔트로피는 '무질서한 정도'를 뜻하는 용어로, 엔트로피가 높을수록 무질서도가 높다. 고에너지의 상태일수록 엔트로피는 낮아지고 저에너지의 상태일수록 엔트로피는 높아진다. 즉, 에너지가 높게 집중된 상태에서 낮게 흐트러진 상태로 가는 것은 쉬워도 그 반대로 가는 경우는 매우 어렵고, 특히 자연계에서 이러한 방향이 역전되는 일은 거의 불가능하다는 내용의 법칙이다.

이렇듯 부동산은 가만히 놔두면 쪼개지기 마련인데, 그 쪼개진 부동산들을 다시 모으려면, 즉 저에너지의 부동산을 고에너지의 상태로 만들고 증가했던 엔트로피를 다시 감소시키기 위해서는 엄청나게 많은 에너지가 들어간다. 특히 서울같이 고도로 발전된 도시에서는 더더욱 그러하다.

개발된 지 오래된 상권일수록, 그 상권의 번지는 계속 파편화되고 단위 번지의 면적은 계속 작아진다. 그러다 보니 그 면적에 건축될 건물도 자연히 작아지고, 그 작아진 건물 안에서 MD들이 작은 규모로 입점하는 현상을 겪게 된다. 그런데 그렇게 되면 해당 상권의 생명이 짧아진다. 단위 매장이 가지는 상업 공간의 퍼텐셜, 즉 상업 공간의 잠재적 효용이 그만큼 축소되기 때문이다. 그렇게 잘게 쪼개진 상권들은 한 번 세가 기울면 복구하기가 솜처럼 쉽지 않다. 더불어 잘게 쪼개진 번지를 도로 합필하는 일 또한 정부나 재개발 조합이 대대적인 규모로 나서지 않는 한 성사되기가 쉽지 않다.

이런 여러 사정으로 인해, 개발이 진행된 도시에서 분할되지 않고 현재까지 남아 있는 토지는 그 자체로 엄청난 상업적 퍼텐셜을 갖는다. 서울 시내에서 100평짜리 번지가 쪼개지지 않는 상태로 남아 있다면, 그 부동산은 고에너지이자 저엔트로피의 상태, 개발 가능성이 높고 상업적인 퍼텐셜이 높은 상태라 평가할 수 있다. 성수동은 그렇게 잘 보존된 낮은 엔트로피 상태의 건물을 여러 평수로 쪼개지 않고 통째로 매장으로 활용했기 때문에, 그 높은 에너지 퍼텐셜이 그대로 폭발할 수 있었다. 실제로 성수동은 10년 전에도, 그리고 지금도 여전히 '힙플레이스'로서 이름을 날리고 있다. 보증금과 임대료가 엄청나게 올랐음에도 아직도 여러 임차인 사업자들이 더 들어오려고 난리다.

이렇듯 상업적 퍼텐셜은 뜬구름 잡는 개념이 아니라 매월 방문자 수와 매출과 순이익을 통해 그때그때 숫자로 증명되는 것이다. 오프라인 상업 공간의 장점이자 무서운 점은 그 공간의 상업적 효용과 경제적 가치가 계산 가능한 형태로 즉각 드러난다는 것에 있다. 나아가 상업 공간을 넘어 주거 공간이나 오피스 공간에서도 공간의 부피가 늘어남에 따라 공간 이용자들이 느끼게 되는 만족도, 그리고 질적으로 다른 공간의 체험은 향후 두루 응용될 수 있는 법칙으로 자리 잡게 될 가능성이 크다.

수평으로 층이 쪼개지지 않은 공간의 힘

    사람들이 어떤 공간을 크다고 느낄 때, 그 크다는 감각에 개입하는 공간의 요소에는 어떤 것들이 있을까? 수평적인 면적이 넓은 것도 하나의 요소가 되겠지만, 그것만으로는 '넓다'라는 느낌이 더 강하지 '크다'라는 느낌이 들지는 않는다. 크다는 느낌이 들려면 넓이가 아닌 부피가 커야 하고, 부피가 크려면 공간의 높이, 즉 건물의 층고(層高)가 높아야 한다. 다시 말해, 건물 내부의 시야가 트이려면 가로 면적도 커야 하지만, 세로인 높이도 트여 있어야 한다. 이 층고야말로 공간이 크다고 체감하게 만드는 중요한 요소 가운데 하나다.

층고가 높은 공간의 개방감과 쾌적함

건물을 지을 때 그 건물이 서있는 지번의 땅 넓이를 대지면적(堂地面積)이라 하고, 그 건물의 1층 바닥 면적을 건축면적(建築面積)이라 부르며, 단층이 아닌 다층 건물일 경우 건물의 모든 층 면적을 합한 것을 연면적(延面積)이라 부른다. 이처럼 건물의 규모를 가리키는 기준은 주로 각 층의 수평 면적이 되는 경우가 많다. 큰 아파트라고 할 때는 보통 평수가 넓은 아파트를 가리키고, 상가 건물의 경우 각 층의 평수를 합친 연면적이 넓을수록 비싸게 거래되고, 보다 유용한 공간으로 취급된다. 반면에 어떤 건물의 제원에서 수평 면적의 평수가 아니라 부피를 나타내는 단위인 입방미터(㎥)나 수직 높이인 층고가 표시된 경우는 거의 없다. 이처럼 지금까지 건물을 표현하는 데에는 오직 각 층의 수평 면적이 압도적으로 중요한 위치를 차지해왔다.

거기에는 이유가 있다. 상가 건물의 경우 최대한 많은 층을 쪼개어 더 많은 연면적을 확보하고, 거기에 더 많은 영업 공간을 집어넣는 것이 이제껏 공간 기획에서 가장 중요한 가치로 대접받아왔기 때문이다. 층고가 3미터든지 4미터든지 사람을 위로 세울 수는 없으니, 층고가 높다고 해서 그 공간에 들어갈 수 있는 사람의 숫자가 늘어나는 것이 아니다. 그렇다 보니 한 건물 안에 최대한 많은 연면적을 확보하는 것이 공간의 유용함을 드러내는 척도가 된 것이다.

가령 9미터의 내부 높이를 가진 상업용 건물이 있을 때, 건축법상 문제가 되지 않는다면 층별 층고를 4.5미터로 해서 2층으로 쓰는 것보다, 3미터로 쪼개 3층으로 쓰는 것이 전자에 비해 1.5배의 연면적을 확보하는 방법이 되는 것이고, 그렇게 되면 당연히 3층으로 쪼개어 더 많은 연면적을 만드는 것이 이제껏 합리적인 길로 여겨져 왔다. 다시 말해 부지의 면적이 수직으로 잘게 나뉘는 경향이 있는 것처럼, 커다란 부피의 공간을 수평으로 더 잘게 쪼개 더 많은 연면적을 확보하려는 경향이 존재하는 것이다.

그런데 최근 이 흐름이 바뀌고 있다. 층고가 높고 부피가 큰 공간에 들어서면 사람들은 그만큼 그 공간을 쾌적하다고 느끼게 되고, 그 쾌적함의 감각에 그만큼의 돈을 더 쓰는 시대가 된 것이다. 지금 유행하는 대형 카페들의 공간은 단순히 면적만 큰 것이 아니라 대부분 엄청난 층고를 갖고 있다. 창고를 개조한 매장의 경우 10미터 이상 되는 층고를 단일층으로 쓰는 식이다. 거기에서 오는 공간의 임팩트는 층고를 3.5미터로 쪼갠 상가 건물에서는 절대로 느낄 수 없는 매력이다. 온라인 시대에 사람들은 집에서는 누리기 힘든 뭔가 색다른 공간의 체험을 오프라인 상업 공간에 원하기 시작했고, 그런 관점에서 층고가 높고 부피가 큰 공간이 주는 개방감과 그런 공간 체험이 주는 상업적 퍼텐셜은 층고가 상대적으로 낮고 연면적을 더 확보한 공간의 양적 효율을 능가하는 상황이 되고 있다.

건축면적 100평짜리 건물이 있다고 가정하고, 그 건물을 3미터짜리 층고 두 개로 나눠서 연면적 200평을 쓸 때와 6미터짜리 층고인 딘층 100평으로 쓰는 옵션이 있다고 했을 때, 선자의 경우

연면적은 두 배 더 확보할 수 있지만, 그 공간의 상업적인 퍼텐셜
은 6미터짜리 100평인 쪽이 훨씬 더 높다. 이것이 바로 '최대 부피
의 법칙'이다.

최대 부피의 법칙을 적용한 공간

공간에서 최대 부피의 법칙이 잘 드러나는 예시가 바로 성수동에
있는 '대림창고'다. 대림창고는 대지면적이 약 500평에, 일반적인
4층 정도 높이의 건물이다. 내부에 들어서면 일부 복층으로 된 부
분이 있지만 대부분은 통으로 뚫려 있고, 그러다 보니 연면적이
별로 넓지 않은 대신 건물의 높이와 층고가 상당히 높다(대지면적:
1,698.8㎡, 연면적: 1,252㎡, 건축면적: 925.62㎡). 반면 같은 성수동 지역에
위치한 다른 카페 A의 경우 대림창고와 비슷한 대지면적에 비슷
한 높이의 건물이지만 층층으로 쪼개어 보통 상가와 비슷한 3.5미
터 정도 층고의 층이 있는 건물로 만들었다. 겉으로 보기에는 비슷
해 보이는 두 건물이 한 곳은 층을 쪼개어 연면적을 높였고 한 곳
은 통으로 사용한 것이다.

　결과는 어떻게 됐을까? 카페 A는 훨씬 더 많은 연면적을 얻
었지만, 대림창고만큼의 유명세와 매출을 거두지는 못했다. 대림
창고가 더 큰 성공을 거둔 요인은 높은 층고까지 솟아 있는 큰 부
피의 공간을 1층에서 모두 만끽할 수 있게끔 남겨둔 것이었다.

　높은 건물의 층을 여러 개로 쪼개 연면적을 더 확보하지 않은

것은 그곳에 입주한 사업자들이 실리에 밝지 못한 바보여서가 아니다. 그 정도의 층고와 부피가 되어야지만 공간이 주는 체험이 다른 곳에 비해 독보적인 것이 될 수 있다는 것을 알았기 때문이다. 반면에 카페 A는 더 많은 연면적을 확보해 더 다양한 것을 담아내겠다는 포부를 품었지만, 결과적으로는 현재 공간이 갖고 있는 트렌드의 방향을 잘못 읽은 셈이 되었다. 그만큼 연면적의 양보다 부피가 큰 공간의 질적인 공간 체험이 더 중요해진 시대가 된 것이다.

온라인 시대를 사는 현대인들에게 볼거리는 이미 차고 넘친다. 따라서 오프라인 상업 공간의 경우 이전보다 독보적이고 확실한 볼거리들을 만드는 것이 필요하고, 이것이 앞으로 상업 공간이 나아가야 할 방향이자 흐름이다. 앞서 말했듯 대림창고는 건물을 리모델링하는 과정에서 15미터짜리 층고를 통째로 한 층으로 쓰는 것을 선택했다. 덕분에 실내에 엄청나게 큰 고사목을 배치할 수 있었고, 창고의 천창으로 들어오는 햇볕과 그 공간의 무드를 1층에서 즐기게끔 만들었다. 거기에 엄청나게 큰 구조물과 모빌을 다는 식으로 공간을 풀어냈다. 그 층고 사이에 추가로 층을 넣어 영업 공간을 더 확보할 수도 있었겠지만, 일부러 그렇게 하지 않고 높은 층고를 남겨둔 것이다. 즉, 대림창고는 앞서 언급한 최대 부피의 법칙에 해당하는 중요 요소들을 모두 지키면서 만들었고, 그랬기에 만든 지 10년이 지났음에도 지금까지 흥하는 곳으로 자리 잡을 수 있었다.

넓게 구획된 부지와 높게 트인 창고의 장점을 모두 갖춘 성수동의 카페들은 큰 공간이 주는 힘을 여실히 보여준다. 비슷한 조건의 대지라 하더라도 어떤 언어로 공간을 기획하느냐에 따라 장소의 잠재력은 크게 달라진다.

수직적 파사드의 작동 원리

앞에서 살펴보았듯이 어떤 공간을 커 보이게 만드는 힘, 최대 부피의 법칙에서 중요한 것은 바로 '수직적 파사드'의 존재다. 파사드(Façade)의 정의는 다양하겠지만, 기본적으로 사람이 한 장소에서 한 시야로 볼 수 있는 뷰를 뜻한다. 즉, 한눈에 들어오는 풍경과 인테리어와 기타 모든 것들, 내 위치에서 내 눈의 시야각으로 들어오는 광경 모두가 하나의 파사드라고 볼 수 있다. 마찬가지로 어떤 공간을 기획할 때 그 공간을 이용하는 사람들에게 어떤 것을 보도록 기획자가 의도한 뷰를 곧 파사드라 말할 수 있다. 그랬을 때 수직으로 높게 트인 개방감을 갖는 수직적 파사드는 그 공간에 대한 체험을 독보적인 것으로 만드는 중요한 키워드가 된다.

하지만 단위 공간의 층고와 부피가 주는 힘보다 층을 최대한 많이 쪼개는 것을 더 중요하게 생각하는 경우들이 종종 있다. 그런 선택에는 앞에서 말한 최다 연면적에 대한 욕심에 더해, 한편으로 이용객들이 공간을 체험하는 파사드의 개념과 원리를 오해하거나 간과한 데서 비롯한 측면이 있다. 즉, 1층과 2층을 쪼개는 것을 대수롭지 않게 생각하고, 그렇게 쪼개도 층별로 공간의 콘셉트를 서로 비슷하게 만들어 통일감을 주거나, 또는 완전히 다르게 만들어서 색다른 재미를 주면 되지 않겠냐는 논리이다. 하지만 그리 간단하게 생각하고 넘어갈 문제가 아니다. 거기에는 인간이 시각 정보를 어떻게 받아들이는지에 대한 근본적인 이해가 필요하다.

사람은 A라는 파사드를 먼저 보고 그다음 B라는 파사드를 본 후에 A와 B를 머릿속에서 하나로 합쳐서 재구성하는 능력을 가지고 있지 않다. 그렇기 때문에 분리된 1, 2층의 공간이 각기 어떤 콘셉트로 기획되든지 간에 하나로 뚫린 크고 단일한 공간에 일관되게 적용된 기획보다 무조건 힘이 약해질 수밖에 없다. 두 배의 면적을 갖고 있음에도 불구하고 전자의 공간에 대한 시각적인 힘이 더 약해지는 이유는 1층을 보고 나서 2층을 보게 될 경우 그걸 본 사람은 1층의 파사드와 2층의 파사드를 합쳐 하나의 그림으로 머릿속으로 재구성하는 것이 아니라, 1층과 2층이 갖고 있는 각각의 퍼텐셜을 서로 분리된 것으로 인식하는 데에 그치기 때문이다.

말하자면 〈모나리자〉 그림을 반으로 쪼갠 다음 아래 부분을 먼저 보여주고, 나중에 시간차를 두고 윗부분을 보여주는 것과 같은 효과를 낳는 것이다. 반으로 잘린 〈모나리자〉를 아래를 먼저 본 다음 윗부분을 차례로 감상하는 것이 큰 의미가 있는 작품 감상이라 보기는 어렵다. 이것은 영화를 1·2부로 나누어 역순으로 2부를 먼저 보고 나중에 1부를 본다든가 하는 방식과도 구별된다. 그보다는 오히려 영화관의 화면을 절반으로 분할해서 윗부분만 먼저 보고 그다음에 아랫면을 본 후 그걸 짜맞추라는 식에 가깝다. 인간은 그런 방식으로 시각 정보를 이해하게끔 되어 있지 않고, 그런 방식이 영화를 제대로 감상하는 방법일 리도 만무하다. 시각 정보는 반드시 한 번에 한 파사드로 모든 것들이 동시에 보일 때에만 의미가 있고, 시각 정보를 시간차를 두고 분할해서 보여줬을 때 그 의미는 현저하게 떨어지게 된다.

공간에서 높게 트인 층고의 힘은 중요한 키워드이다. 수평으로 층을 분리하지 않고 수직으로 개방한 공간은 그 자체로 잠재력을 발휘한다. 시원하게 뚫린 공간에 수직으로 오브제를 배치하여 1층과 2층에서 모두 동일한 뷰를 볼 수 있도록 한 카페 '호우주의보'. **사진** I 글로우서울

파사드를 기획할 때 조심해야 할 함정

따로 따로 경험한 파사드를 재구성하거나 통합하기 어렵다는 원리에도 불구하고, 사람들은 1층과 2층으로 분할된 공간들이 어떤 연속선상에 있는 파사드라 잘못 생각하는 경향이 있다. 그렇게 잘못된 사고를 바탕으로 하여 층별로 파사드가 나뉘는 형태의 잘못된 공간과 콘텐츠들이 만들어진다. 그런 일들이 쉽게 발생하는 이유는 공간 기획자들은 그 모든 것을 평면 도면을 통해 한 번에 볼 수 있기 때문이다. 공간을 만드는 사람은 주로 도면을 통해 공간을 보기 때문에 그들의 눈으로 보는 도면 안에서만큼은 그것들이 한 번에 존재하게 되는 것이다. 평면도의 함정에 빠진 공간 기획자나 디자이너들이 흔히 빠지는 실수가 바로 건물을 자꾸 위에서 내려다보는 관성이다. 그러나 지금 내가 1·2·3층의 도면을 통해 한 번에 볼 수 있는 건물의 파사드는 그 건물이 완공된 뒤 실제로 이용하는 사람들은 무슨 수를 써도 절대로 감상할 수 없는 것이다.

물론 평면도는 건물의 구조를 파악하는 데에는 아주 유용한 그림이다. 건물을 입체로 렌더링해서 보는 것보다 평면도가 오히려 더 많은 정보를 담고 있을 때도 많다. 그래서 기본적으로 건물을 지을 때는 대부분 평면도를 먼저 작업한 다음 입면과 천장을 작업하고, 그 후에 3D 렌더(render)가 완성된다. 그런데 그러한 평면도에는 함정이 있다. 이용객의 입장에서는 시야가 끊기는 까닭에 사실상 완전히 다르게 인식될 A와 B의 공간을, 도면을 보는 사람은 같은 공간이라고 전제하고 만들기 쉽다는 점이다. 입면으로 보면

다 잘려진 파사드의 공간인데, 평면도로 볼 때는 하나로 연결되어 있는 것처럼 보이기 때문이다.

건물을 하늘에서 아래로 탑뷰 시점으로 내려다볼 수 있는 존재는 하느님과 건축사밖에 없다는 말이 있다. 그러한 탑뷰는 막상 거기에 방문할 사람은 영원히 보지 않게 될 뷰이다. 그런 까닭에 건물을 디자인할 때는 반드시 모든 공간들을 이용자의 눈으로 바라볼 파사드를 기반으로 디자인해야 한다. 우리가 실제로 그 공간에 있으면서 볼 수 있는 것은 이용객의 눈으로 본 파사드의 합이 전부이다. 다시 말하지만, 1층과 2층으로 분할되었으되 도면상으로는 연결된 것처럼 보일 수 있는 각각의 파사드보다 두 층을 터서 수직으로 한 번에 보이는 파사드가 무조건 더 크고 값진 공간의 체험을 불러오게 된다. 인간이 시각 정보를 받아들이고 이해하는 방식이 애초에 그러하기 때문이다.

높은 층고, 공간이 커 보이는 비결

층고의 중요성 및 최대 부피의 법칙과 관련하여 참고할 만한 또 다른 건축물로는 '스타필드 하남'과 '더현대서울'을 들 수 있다. 먼저 스타필드 하남은 6.5미터라는 엄청난 층고를 갖고 있는데, 백화점이나 쇼핑몰 중에서도 압도적으로 높은 편이다. 스타필드 하남은 이 높은 층을 하나의 공간으로 사용했다. 하지만 의외로 실제로 보는 공간은 그다지 크다는 느낌이 들지 않는데, 높은 층에도 불구하고 내부 면적이 층고에 비해 지나치게 넓기 때문이다. 쇼핑몰 내부 동선 하나의 길이가 200미터가 넘는데, 그렇게 앞으로 펼쳐지는 시야의 깊이가 앞으로 멀리 뻗어 있고 그 옆으로 상가가 배치되어 있다 보니 층고가 아무리 높아도 높은 층고의 효과가 제대로 나지 않는 편이다. 지상 4층에 지하 4층, 연면적 11만 300평(459,517.95㎡)에 건축면적 1만 7,300평(57,242.93㎡)에 달하는 공간임에도, 역설적으로 그 광활한 면적 덕분에 층고가 실제보다 더 낮게 인식되는 결과가 발생하는 것이다.

면적의 영향을 받는 층고 감각의 원리

면적 넓이에 따른 층고 감각의 원리는 지하 주차장을 떠올리면 이해하기 쉽다. 보통 지하 주차장의 층고는 택배 차가 드나들 정도이기에 결코 낮은 편이 아닌데, 그럼에도 수평으로 뚫려 있는 시야가 워낙 넓다 보니 그것과 대비되어 공간이 전체적으로 가라앉아 보이고 답답해 보이는 효과가 있다. 길이가 넓어질수록 원근법에 의해 먼 곳의 높이가 더 짜부라지게끔 보이고, 멀리서 짜부라지게 보이는 높이가 실제 이 공간의 높이처럼 인식되는 결과를 낳는다. 착시 효과라 해도 인간이 공간을 해석하는 방식이 실제로 그러하기 때문에, 그런 감각은 이용객들의 공간 체험에 실질적인 요소로 작동한다.

그러니 그 정도 넓이의 공간에서 개방감을 줄 수 있으려면, 수직으로 훨씬 큰 공간을 열어주어야 한다. 그래야 사람들이 이 공간이 크다는 것을 체감할 수 있게 된다. 스타필드 하남은 6.5미터 정도의 층고가 균일하게 반복되는 공간이 연속되고, 어딘가 큰 공간으로 인지될 만한 곳이 드물며, 그러다 보니 이용객의 눈에는 매

건축물의 공간감을 결정짓는 중요한 요소인 층고의 활용법을 잘 보여주는 '더현대서울' 내부.

장만 바뀔 뿐 각 장소들마다 비슷비슷한 공간 경험, 동일한 시퀀스 (sequence)가 반복된다는 느낌을 준다. 단위 리테일 매장에 부여된 공간의 넓이와 높이는 이전보다 커졌을지 모르지만, 단위 매장의 크기보다 전체 쇼핑몰 공간이 주는 인상이 그 공간을 방문하는 이용객들에게는 더 결정적인 인상으로 남게 된다. 그런 까닭에 스타필드 하남은 공간이 크다는 느낌보다는 넓다는 느낌을 받게 된다.

면적이 넓다고 공간이 크게 와 닿는 것이 아님을 여기서도 체감할 수 있다.

그에 비해 더현대서울은 넓다는 느낌보다 크다는 느낌이 강조된다. 더현대서울 백화점의 연면적은 약 6만 평(193,935.39㎡)에 백화점을 포함한 파크원 건물의 총 건축면적은 5,000평(17,048.2㎡) 정도 된다. 비교하면 더현대서울에 비해 스타필드 하남이 두 배 정

위아래 층이 한 번에 잘 보이는 '더현대서울'의 보이드 공간. 같은 부피의 건물일 경우 수평으로 넓은 공간보다 수직으로 넓은 공간이 훨씬 크고 시원해 보인다. **사진 |** 더현대서울

도 크다. 그런데도 더현대서울이 체감상으로는 더 큰 공간으로 인지된다. 그 이유는 무엇일까?

지하 6층, 지상 6층으로 구성된 이 건물은 영국의 유명 건축가인 리처드 로저스(Richard Rogers)가 설계했는데, 그는 하이테크 건축을 표방하는 자신의 스타일대로 크레인을 박고 천장을 크레인이 들고 있는 형태로 굳혀서 건물을 만들었다. 그렇게 중간이 텅 비어 있는 돔 구조를 구현했고, 그 돔 안에 각 층들이 매달려 채워진 듯한 공간이 완성되었다.

그런 방법을 거쳐 만들어진 장점은 바로 층들 사이를 다 메울 필요가 없어졌다는 것이다. 콘크리트 슬래브 구조에서는 기본적으로 슬래브가 기둥과 기둥 사이를 밟고 서 있어야지만 건물이 존재할 수 있는데, 더현대서울의 슬래브는 이 건물의 외장재와 외장 건물을 둘러싼 거대한 구조물에 걸려 있는 느낌이니 중간에 슬릿(slit)을 자유로이 뚫는 것이 얼마든지 가능하다. 덕분에 백화점 내부에 즐겨 사용되는, 슬릿을 동그랗게 뚫어 위아래 층이 한 번에 보이게끔 만든 보이드(void) 공간을 다른 어떤 한국의 쇼핑몰보다 잘 구현해 놓았고, 그 보이드 공간이 넓기 때문에 그 공간 안에 분수와 폭포를 놓고 조경을 배치하여 시선을 사로잡을 다양한 원더들을 마련할 수 있었다. 특히 맨 위층에 올라 높은 층고의 천장과 위아래로 뚫려 있는 공간을 감상하다 보면, 이곳이 엄청나게 큰 공간이라는 느낌을, 그 부피감을 흠뻑 체감할 수 있게 된다.

앞에서 잠깐 살펴본 아랍에미리트의 두바이몰 역시 수직적 개방감과 최대 부피의 법칙을 십분 살린 건물이다. 두바이몰의 가

두바이몰은 수직적 개방감을 극대화한 대표적인 건축물이다. 시원하게 뚫린 동선의 마지막 부분에 자리한 명품 매장들은 1층부터 4층까지의 공간을 한 브랜드에서 쓰도록 배치했는데, 이로 인해 마치 4층 규모의 단독 건물들이 붙어 있는 듯한 착시 효과를 일으킨다. 덕분에 이용객들은 쇼핑몰 안에 있는데도 흡사 야외의 쇼핑 지역을 거니는 느낌을 받는다. **사진** | 두바이몰

장 큰 장점은 거대한 메인 동선의 천장 층고가 모두 다 뚫린 상태라는 것이다. 실제 내부는 4층으로 나뉘어 있지만 각 층의 슬래브가 모두 뚫려 있어 이용자는 메인 동선을 걸으며 그 높이감을 모두 만끽할 수 있다. 즉, 4층까지의 공간을 더현대서울처럼 일부만 뚫어 놓은 게 아니라 쇼핑몰 전체의 길을 모두 뚫어 놓은 셈이고, 그래서 쇼핑몰이 흡사 협곡에 설치된 것 같은 인상을 준다. 이렇듯 그 공간의 부피감을 온전히 느낄 수 있도록 해주기 때문에 물리적으로는 두바이몰이 다른 쇼핑몰보다 크지 않을 수는 있어도 실제로 가보면 압도적으로 큰 공간으로 인식된다. 수직적 개방감과 뷰의 힘을 두바이몰처럼 이렇게 충실히 설계해 구현한 쇼핑몰도 드물 것이다.

수직적 개방감을 통한 특별한 공간 체험

마지막으로 수직적 개방감의 중요함을 드러내 주는 예로 아이맥스 포맷의 화면 비율을 들 수 있다. 일반 필름은 가로로 긴 16:9(1.78:1), 시네마스코프의 경우는 2.35:1의 화면 비율을 갖는데, 아이맥스 필름(GT, Grand Theatre) 규격은 1.43:1으로, 상대적으로 세로가 높은 편이다. 그러니 아이맥스 필름의 특징은 가로의 길이가 아니라 그 가로의 길이에 얹힌 세로를 얼마만큼 표현하는지에 있고, 그런 수직 이미지 개방감이 아이맥스 포맷의 특징이라 할 수 있다.

넷플릭스를 비롯한 OTT 전국시대에 영화관의 존재 의미는 무엇일까? 만약 누가 영화관이 망할 것인가, 계속될 것인가라고 묻는다면, 나는 '계속된다'에 한 표를 던지겠다. 왜냐하면 영화관의 하드웨어적인 장점, 즉 엄청나게 큰 화면의 현장감을 집에서는 결국 구현할 수 없기 때문이다. 영화관에 상영 중인 콘텐츠를 집에서 넷플릭스로 구매해 편하게 볼 수 있을지는 몰라도 큰 화면이라는 하드웨어는 집에서 쉽게 재현할 수 없고, 그런 의미에서 아이맥스는 앞으로 영화관이 살아남을 이유의 정점에 선, 영화관이 존재하는 이유를 만들어주는 포맷이라고도 평가할 수 있다.

아이맥스가 나오기 전까지 영화관을 포함한 스크린은 가로 길이가 길어지는 추세였다. 가정의 일반 TV나 스마트폰의 화면 비율도 그랬다. 그 이유 중 하나는 우리가 사는 집의 비율이 애초에 그러하기 때문이다. 보통 집의 층고가 높지 않고 벽면의 가로 비율이 길기에 TV를 집에 놓았을 때 스크린의 가로 비율이 긴 편이 더 안정적으로 보이는 것이다. 아무리 큰 TV를 놓는다 해도 그걸 보는 사람은 TV와 TV 바깥의 벽면을 한 파사드 안에 같이 보게 되기 때문이다.

영화관의 아이맥스 포맷은 그와 완전히 구별되는 시각적 체험을 제공한다. 아이맥스로 영화를 본다는 것은 아이맥스적인 체험을 할 수 있는 층고가 높은 공간이 확보되어야 함을 의미한다. 기본적으로 인간에게 주어진 층고란 지금까지는 사람의 키에 맞추어 만들어진 것이었는데, 아이맥스관의 핵심은 말하자면 그런 필요의 영역을 넘어서는 사치의 영역에 해당하는 층고를 제공하는 셈이다. 따라서 다른 영화관보다 더 높은 티켓 값을 주고 아이맥스관을 찾는 것은 평소에는 느껴볼 일이 적은 높은 층고와 세로 높이가 긴 영상 체험의 사치를 즐기기 위한 것인지도 모른다.

더불어 앞으로 상업 공간이 지향해야 할 공간 체험 또한 그렇게 평소에는 좀처럼 누려보기 힘들었던 수직적 개방감의 사치스러움에 집중해볼 필요가 있다. 그것은 단순한 사치를 넘어서, 다른 공간에 비해 그 공간이 고객의 선택을 받고 그를 통해 매출을 창출할 실용적인 목적으로 활용될 수 있는 요소이기 때문이다.

초고층 건물의 경쟁은 계속될 것인가

수직으로 높은 파사드의 중요성을 말하는 대목에서 누군가는 하늘로 높게 뻗은 초고층 빌딩을 반사적으로 떠올릴지도 모르겠다. 그러나 높이 솟은 초고층 빌딩과 앞에서 말한 수직적 파사드는 여러 측면에서 근본적으로 다르다. 거기서의 핵심은 건물의 기획·설계·시공자의 관점이 아니라, 그 건물을 실제로 사용하는 이용자 입장에서 체감하는 파사드가 무엇인지를 생각해야 한다는 것이다.

초고층 건물에 투영된 인간의 욕망

간혹 초고층 건물을 원하는 인간의 욕망이 그 자체로 천박하다고 평가하는 사람들이 있다. 하지만 인간이 느끼는 건물의 크기에 대한 경외심, 큰 공간에 대한 욕망은 원초적인 본능과도 같은 것이다. 5,000년 전 고대 이집트인들이 피라미드를 지을 때부터 사람들은 큰 건물에 대한 동경이 있었을 것이다. 우선 자연의 거대함에 압도되었을 것이고, 거기에서 느끼는 경외심을 경험했을 것이고, 그다음으로 그 경외심을 인간의 인위적인 구조물로서 표현하고 재생산하려 했을 것이고, 그럼으로써 자연에 도전하고자 하는 욕구가 있었을 것이다. 그래서 초고층 건물을 짓는 것은 그런 건축물을 지을 수 있다는 기술력의 상징 외에도, 일단 건물이 크면 거기에 사람들이 동경의 마음을 품고, 그 지역의 어떤 모뉴먼트로 삼고 싶은 욕망이 일정부분 개입한다.

실제로 두바이에서 사람들이 가장 많이 찾는 관광 명소는 세계에서 가장 높은 초고층 빌딩인 829.8미터 높이의 '부르즈 할리파(Burj Khalifa)'이다. 설령 그 정도의 고층 건물이 꼭 필요한 건 아니라 할지라도, 막상 가서 부르즈 할리파를 보면 멋있고 경탄스러운 마음이 든다. 그런 점에서 초고층 건물에 대한 인간의 욕망은 여전히 유효하게 작동하고 있다.

2008년 리만브라더스 사태의 충격과 함께 찾아온 세계금융위기 속에, 두바이는 이듬해 국제통화기금(IMF)에 구제금융을 신청했다. 그 당시 두바이의 전박한 성공에 따른 부작용이 드러났다고 비판하는 의견들이 많이 나왔는데, 결과적으로 두바이는 금융 위기를 극복했고 부르즈 할리파는 세계의 주요한 랜드마크로 자리 잡았다.

두바이라는 도시와 공간을 기획하는 사람들의 마인드와 미감을 고상하고 고매하게 평가한다는 뜻은 아니지만, 그들이 만드는 건물과 도시가 동시대를 살고 있는 세계인들에게 매력적인 어떤 것으로 가 닿고 있는 것만은 분명해 보인다.

물론 이해하기 어려운 두바이의 건축물도 종종 있다. 앞서 언급한 두바이몰의 경우 공간 이용자가 경험하는 파사드를 잘 고려해서 기획한 공간이라 평가했는데, 거꾸로 그걸 전혀 고려하지 않은 듯한 장소도 많다. 가령 야자나무 모양을 한 두바이의 인공섬 '팜 주메이라(Palm Jumeirah)'에 실제로 가보면, 흡사 공사장의 흙을 예쁘게 퍼다 매립해 놓은 것 같다.

팜 주메이라의 가장 큰 문제는 앞서 말했던 평면도의 시선, 즉 위에서 바라보는 탑뷰 시점에서만 의미가 있는 공간을 기획한 것이다. 말하자면 위성사진으로 볼 때만 아름다운 장소를 만든 셈이다. 팜 주메이라를 거니는 사람이 보았을 때에도 그곳이 아름다운 공간이어야 하는데, 막상 그곳을 거니는 이용객의 입장에서는 공중에서 보는 인공 매립지의 야자나무에 비견될 파사드를 어디서도 느낄 수가 없고, 그곳의 어디를 거닐어도 아름답다고 부를 만한 공간을 만날 수 없다.

한국의 전통 가옥을 지을 때에는 산의 능선과 한옥의 위치, 처마의 곡률과 자연의 어우러짐 등 그 공간을 사용하는 사람의 입장에서 최대한 아름다워 보일 것들을 세공하여 배치해 놓는다. 그에 비해 팜 주메이라는 애당초 하늘에서 내려다보는 그림을 상정해 만든 공간이고, 거기에 실제로 서 있는 사람에게 이 공간이 어떻게 보이는지 고려한 흔적을 찾기는 어렵다. 거기에 머물지 않고 급기야는 팜 주메이라 옆으로 세계지도 모양으로 조성한 인공섬 '더 월드(The World)'를 조성하기에 이르렀다. 그 세계지도 모양을 감상할 수 있는 사람 역시, 시공 전 건물의 평면도를 본 공간 기획자 및 설계자가 아니면, 헬기를 타고 그곳 위를 비행할 사람이 전부일 것이다.

공간 기획자와 공간 이용자의 엇박자

그런 건축물들이 가진 착오의 중요한 원인 중 하나는, 대부분의 건축물들이 국가 단위 기획으로 만들어지는 까닭에 그 공간을 즐기고 사용하는 사람들의 관점이 아니라 그 공간을 기획하고 프로젝트에 투자한 사람들의 눈에 흐뭇하고 보기 좋은 공간이 양산되는 것이다. 그러다 보니 공간 기획 단계에서 거창하고 과시적으로 구현한 것들을 정작 그 공간을 이용하는 사람은 별반 느끼지 못하는 일들이 반복된다. 공간 기획에서 투자자나 기획자, 설계자, 시공자의 눈을 넘어, 그 공간을 실제로 이용하는 사람의 입장과 그들의 시선에 비칠 파사드를 고려하는 것이 그래서 중요하다.

사진 | 팜 주메이라

세계에서 가장 높은 빌딩인 '부르즈 할리파'는 건물 내부가 아니라 바깥에서 올려다 볼 때 그 위용을 제대로 느낄 수 있다. 반면 야자나무 모양의 인공섬 '팜 주메이라'는 상공에서 내려다 볼 때형태를 온전히 이해할 수 있다. 시선의 방향은 반대이지만, 실제로 공간을 이용하는 사람의 관점에서는 장소의 가치를 100퍼센트 누릴 수 없고 멀리서 볼 때에만 기획 의도가 실현된다는 점은 동일하나.

사진 | 부르즈 할리파

이런 점에서 볼 때 초고층 건물의 경우, 기획자나 설계자가 아닌 공간 이용자의 입장으로 봤을 때 여러 모로 한계를 지니는 공간이다. 우선 공간 이용자의 입장에서 초고층 건물이 파사드로서 의미를 갖는 것은 주로 건물의 안이 아니라 바깥에서 그 건물을 봤을 때다. 롯데월드타워도 마찬가지로 바깥에서 외관을 볼 때 그 건물의 존재감이 훨씬 도드라지게 된다. 그렇게 건물 외부의 사람들이 그 건물을 보면서 얻는 파사드의 가치가 있다 한들, 건물을 짓는 사람 입장에서 그들에게 보는 값을 청구할 수는 없는 노릇이다. 건물을 만든 데 따른 비용의 회수나 매출의 발생은 당연하게도 오직 건물 내부를 사용하는 사람들로부터 받을 수 있다. 초고층 건물을 보고 이웃 주민들이 좋아하거나 새로 생긴 랜드마크 덕에 주변 땅값이 올랐다고 한들, 그렇게 발생된 추가 이익을 건물을 지은 사람이나 건물 안에 사는 사람이 회수할 방법 같은 것은 존재하지 않는다.

그렇다면 건물 내부를 이용하는 이용객 입장에서 초고층 건물이 어떻게 체험될지를 따져봐야 할 텐데, 정작 거기에 많은 난점들이 있는 것이 문제다. 먼저 건물 안을 이용하는 사용자의 입장에서는 건물의 최상층에 올라 바깥 풍경을 보는 때에만 그 초고층의 높이가 특별하고 인상적인 것이 된다. 반면에 초고층 건물의 저층부는 높이가 낮은 다른 건물에 비교해 추가적인 이익이 그다지 발생하지 않는다. 70층짜리 건물의 50층에 있는 것과 50층 건물의 50층에 있는 것은 사용자 입장에서 별 차이도 없을 가능성이 높다.

게다가 건물이 높아지면 높아질수록 지면에서 최상층까지

사람들을 끌어올릴 엘리베이터의 개수도 많아져야 한다. 그렇게 엘리베이터를 설치할 홀의 개수가 늘어나면 자연히 각 층별 가용 면적이 줄어들고, 저층부의 활용성은 더더욱 떨어지게 된다. 가령 지상 123층 높이의 롯데월드타워에는 총 61개의 엘리베이터가 있다. 그러면 61개의 엘리베이터가 설치될 구멍을 각 층의 전부, 혹은 일부에 뚫어야 한다는 뜻이 된다. 즉, 층은 더 높아지는데 사용 면적은 오히려 줄어드는 아이러니가 발생하는데, 이것은 초고층 건물이 갖는 구조적인 한계 가운데 하나다.

이런 문제들 때문에 보통 60층 이상의 건물은 적어도 프로젝트의 수지 타산 관점에서는 올릴 의미가 크게 없다는 통설이 있다. 나아가 층수가 그 이상 올라갈수록 고층부의 면적을 되도록 좁혀 사람이 적게 머물도록 하는 것이 안정성을 넘어 유용성을 위해서도 불가피하게 더 나은 선택이 된다. 이처럼 초고층 건물의 경우 그곳을 이용하는 사람의 이익과 그 건물을 짓는 데 동원된 자본과 투자자의 이익이 서로 맞아떨어지지 않는 상황이 발생하기 쉽다.

초고층 건물을 둘러싼 동상이몽

지방자치단체에서 진행하는 건설 프로젝트의 경우도 지자체별로 건물의 높이 경쟁이 붙는 경우가 있다. 그 와중에 문제가 되었던 것이 부산의 롯데타워다. 원래 롯데 측은 초고층으로 건축할 계획이 아니었고 부산시는 강력히 요청하는 상황이었는데, 여기서도 초고층 건물을 짓는 데 비용을 투자하는 측과 그 건물의 가치를 누릴 수 있는 주체의 핵심 목표가 서로 다른 것을 알 수 있다. 그런 건물을 지었을 때 부산시에서는 랜드마크로서 이득이 있을 수 있겠지만, 롯데월드 측은 앞서 설명한 이유대로 별다른 경제적 실익을 거두지 못할 가능성이 높다.

이에 롯데 측에서 최종안으로 제시했던 것이 부산시에서 요구하는 500미터는 채우되 30층까지만 공간이 채워져 있고, 그 위로는 타워와 엘리베이터만으로 연결되어 맨 꼭대기에 전망대를 만드는 소위 '공중 수목원'이었다. 겉으로 보기에 기이한 구조의 이 건물은, 반대로 시공사 입장에서는 현명한 판단이기도 하다. 초고층 건물에서 중간층은 그다지 경제적인 실익도 관광적인 가치도 적은 공간이기에, 경제적·관광적 가치가 집중될 맨 꼭대기층만 남겨둔다는 선택이었다. 그러나 이 중재안은 협의에 이르지 못해 결국 철회되었고, 롯데는 지하 7층, 지상 67층의 342미터 규모 빌딩으로 높이를 하향 조정한 재설계 안을 내놓아 2025년 완공을 목표로 하고 있다.

초고층 빌딩의 딜레마에서 살펴보았듯이, 무조건 수직으로 높이 쌓는다고 그 공간을 이용하는 사람에게 득이 되리란 보장은 없다. 수직적 파사드의 힘과 그로부터 창출되는 공간의 퍼텐셜은, 공간의 기획자나 시공에 돈을 대는 쪽이 아니라 어디까지나 공간의 사용자가 실질적으로 체감할 수 있는 무언가여야 한다.

낮은 용적률이 가져다주는 상업적 퍼텐셜

초고층 건축물의 효용과 한계에 대해 살펴본데 이어 이번에는 용적률이 상업 공간에 미치는 영향을 살펴보자. 앞에서 소개한 성수동 상권이 도심 속 공단 지역이었던 창고나 공장 건물을 활용한 상업 공간의 예였다면, 이번에는 본래 주거 지역이었던 공간이 용도 변경을 통해 상권으로 거듭난 지역의 예를 살펴보기로 한다.

경리단길 상권의 성장과 약점

주거 공간이었던 곳이 상업 공간으로 활용된 사례 중의 하나가 경리단길 상권이다. 경리단길은 본래 한남동의 서브 주거지였던 지역이다. 서울 지역에서 전통적으로 부호들이 살던 대표적인 지역이 성북동과 평창동, 한남동인데, 그중 성북동은 담장의 높이가 몇 미터가 되는 어마어마한 저택과 '성북동 비둘기'로 상징되는 빈민가 달동네가 함께 존재한다. 왜냐하면 그 높은 지형을 감수하고 대중교통도 부족한 곳에 굳이 살 사람은, 내가 땅에 발을 딛고 걸어다닐 이유가 없는 자동차를 가진 사람과 그 언덕길을 감내하고도 걸어 다닐 사람, 두 종류밖에 없기 때문이다. 한남동도 비슷한데, 남산에 붙어 있는 쪽 지번은 전부 200평 이상의 큼지막한 부지를 가진 부촌이고, 그에 비해 경리단길과 해방촌 지역은 15~20평 이하로 지번이 잘게 쪼개진 가난한 사람들의 동네였다. 그런 지역이기에 상업 공간으로 용도 변경되고 난 후에도 앞에서 설명한 부동산 개발의 관성대로 지번이 파편화된 채 남아 있게 된 것이다.

이 중에서 200평 이상의 커다란 부지를 지닌 가옥은 그동안 상업 공간으로 개발될 유인이 별로 없었다. 거기에 사는 사람들은 대개 경제적 여유가 있는 사람들이다 보니, 시세가 올랐다고 해서 차익을 노려 부동산을 팔고 다른 동네로 갈 사람들이 아니었기 때문이다. 그러니 상권 개발이든 뭐든, 자기가 보유한 주거용 건물을 상업적 목적으로 쓸 근린생활시설(近隣生活施設)로 용도 변경할 이유가 딱히 없었다. 실제로 이런 소위 '회장님' 저택들은 상가로 나오는 경우가 거의 없었고, 큰 저택 공간을 활용한 플래그십 스토어가 한두 번 들어선 것이 고작이었다. 그러다 보니 경리단길에서 상업 지역으로 개발된 곳은 주로 영세민들이 살던 지번이 잘게 쪼개진 지역, 즉 지가가 오르면 시세 차익을 노려 이 공간을 팔고 다른 곳으로 이사할 유인이 더 많던 지역이었다.

더불어 경리단길 대로 주변으로 가게들이 생기고 본격적으로 지역 상권으로 뜨기 시작한 것은, 본래 외국인들이 많이 드나들었던 이태원 상권에 내국인이 많아지면서 외국인들이 이곳에 이주해 속속들이 매장을 열었기 때문이다. 그리하여 지금은 찾아볼 수 없는 1990년대 이전 이태원의 향수가 한때 경리단길에 남아 있게 되었고, 그 외국인들이 만든 다른 상권을 쫓아 내국인들이 그곳을 방문하는 과정을 거치면서 경리단길은 다시 내국인의 상권으로 유명세를 타게 되었다.

그러나 지금 경리단길 상권은 그때에 비해 많이 약해졌다. 그 상권이 오래 갈 수 있었으려면 지역의 핵심이 되는 매장들이 그 자리에 오래 머물러 있어야 했고, 그에 따라 경리단길 하면 떠오르는 반드시 가볼 유명 장소와 가게들이 지금보다 더 굳건히 마련되었어야 했다. 또한 상업 공간은 갈수록 소형보다는 대형 공간에 대한 수요가 늘어나던 시점이었는데, 아쉽게도 경리단길은 거기에 부합하지 못했다. 왜냐하면 그 지역이 애초에 협소한 주택들로 이루어져 있고, 그 공간을 그대로 상업 공간으로 만들다 보니 매장 면적 또한 대부분 협소했기 때문이다.

물론 원 테이블 식당 등 개성 있는 가게 수십 개가 들어서서 만들어지는 아기자기함을 뽐내는 방법이 있다. 실제로 일본 교토가 그런 매력이 잘 작동한 상권이다. 하지만 교토와 경리단길의 가장 큰 차이점은 주택의 퀄리티와 상업 콘텐츠의 다양성에 있다. 먼저 주택의 경우, 익선동은 일제시기에 양산형으로 지어지기는 했지만 그래도 한옥이라는 특색을 가지고 있었다. 반면, 경리단길 집들은 대부분 1980년대에 지어졌다. 1980년대는 한국에서 가장 집이 대충 만들어졌던 시기여서, 이 동네 건물들은 미적인 요소가 부족한 편이고, 과거를 회상하고 역사적인 스토리가 생길 만큼 오래된 건물도 아니었다.

더구나 경리단길은 사실상 급조된 상권에 가까운데, 이런 벼락 상권의 특성은 매장별로 콘텐츠가 다양하게 들어서기 어렵다는 것이다. 경리단길 역시 당시 유행했던 아이템을 좇아 마카롱 가게만 7개가 생기는 등 품목별 과당경쟁의 문제가 극심했다. 그에 비해 교토의 작은 매장들이 빛을 발했던 것은 대체로 일본 특유의 상업문화에 힘입어 몇 백 년 전부터 이어져 내려온 가게들이었기 때문이다. 그런 오랜 역사를 등에 업고 창출된 다양한 콘텐츠들이 주택가였다가 갑자기 들어선 벼락 상권에서는 제대로 구현되기 어렵다.

특히 한국에서 소위 뜨는 상권들은 주로 임대료 수익을 노린 건물주 측과 권리금 차익을 노린 임차인 사업자의 이해관계가 만나 매장이 빠르게 교체되는 편이다. 그러다 보니 당시에 반짝 유행하는 것을 좇은 매장들이 우후죽순 들어서는 경향이 더욱 심해지고, 넓지 않은 지역의 특정 동선을 이동하는 사람들이 같은 가게와 같은 콘텐츠를 보게 될 확률이 더 커지게 되었다. 결과적으로 경리단길의 상권이 유지되지 못하게 된 데에는 이러한 판매 콘텐츠의 한계, 잘게 쪼개진 지번으로 인해 공간의 힘이 일정 수준 이상을 갖지 못한 요소 등이 복합적으로 작용한 셈이다.

현재는 경리단길 상권의 부흥을 위해 여러 공간 기획 프로젝트가 진행되고 있고, 글로우서울도 관련 사업을 진행 중이다. 그럴 때 맨 처음 하는 작업이 바로 잘게 쪼개진 번지를 합필하거나 처음부터 대형 부지를 사들이는 것이다. 그런 방식을 통해 최대 부피의 법칙이 잘 적용될 수 있는 곳을 확보하는 것이 상업적으로 훨씬 유리한 방법이기 때문이다.

연남동과 연희동 상권의 특성

주거 지역이던 곳이 상업 공간으로 활용된 또 다른 예로 연남동과 연희동 상권을 들 수 있다. 연남동부터 살펴보자면, 연남동은 경리단길보다는 상황이 나은데, 우선 평지에 있고 가까이에 전철역이 있으며, 홍대라는 극강의 상권이 바로 붙어 있는 곳이다. 전철도 그냥 전철이 아니라 공항철도가 개발되면서 외국인 수요를 끌기에도 좋다. 게다가 경의선 숲길, 소위 '연트럴파크'라는 핵심적인 붙박이 콘텐츠까지 있다. 상권에 있어서 여러 특권을 수혜 받은 지역이라고 할 수 있다.

대신 연남동 상권은 대부분 빌라가 있던 2종 주거 지역이 용도 변경된 건물로 되어 있다. 그러다 보니 단독주택 형태가 거의 없고, 주로 빌라였던 건물이 상가로 바뀌어 층마다 서로 다른 매장이 들어가 있는 형태도 개발되는 경우가 많다. 각 층의 면적을 합친 연면적이 100평인 3층짜리 건물이라도, 30평의 넓이를 가지는 한 층 단위의 면적으로는 힘 있는 MD가 들어가기 힘들고, 따라서 층층이 다른 가게들이 들어가게 되는 것이 보통이다. 설령 3층짜리 건물에 통으로 하나의 MD가 들어가더라도 층을 나눠서 1층 가고 2층 가고 3층을 방문하는 것과 한 공간에 100평이 있는 것과는 공간과 파사드의 힘에서 엄청난 차이를 보인다는 것을 앞에서 설명한 바 있다.

이에 비해 연희동은 연남동과 여러 면에서 극명하게 다른 성격의 상권이다. 연남동과 연희동은 서로 붙어 있지만 양측의 메인 상권까지는 빠른 걸음으로 10분 남짓 걸리고, 따라서 동일 상권이라고 보기 힘들다. 결정적으로 연희동은 가장 가까운 전철역이 걸어서 20분인데다 버스 노선도 많이 다니지 않는다. 상권으로서 큰 핸디캡을 갖고 있는 셈이다. 그런 까닭에 사람들은 연남동이 처음 개발될 때 연희동 쪽보다는 합정역 쪽으로 상권이 넓어질 거라고 예상했고, 그쪽에 부동산 투자를 많이 하기도 했다.

하지만 실제로는 연희동 쪽으로 상권이 확장되는 결과를 낳았는데, 그 이유는 연희동 지역의 주거 지역 특성 때문이다. 연희동은 대부분 단독주택이 들어선 1종 주거 지역이다. 서울 시내 대부분의 주거 지역이 2종인 것을 생각할 때, 이렇게 1종 주거 지역의 단독주택이 넓게 들어선 풍경은 좀처럼 찾기 쉽지 않다.

용적률 제한에 따른 지역적 특색

1종도 여러 종류가 있지만, 그중 1종 전용 주거 지역은 대지면적 대비 건물 연면적의 비율, 즉 용적률(容積率)이 50~100%인 곳을 뜻한다. 거기에 더해 건축법상으로 대지면적을 꽉 채워 건물을 지을 수는 없도록 되어 있는데, 건물 옆으로 최소한의 공터를 두어 충분한 채광과 통풍, 비상 시 통로 등을 확보하기 위함이다. 따라서 대지면적에 대한 건축면적의 비율인 건폐율(建蔽率)의 법정 상한선은 보통 50~60%선이다.

건축물의 면적과 관련된 주요 용어와 개념들에 대해 간단히 살펴보면 다음과 같다.

대지면적	건축 가능한 땅의 넓이(수평 투영 면적 기준으로 산정)
건축면적	건축물 1층 바닥의 넓이
연면적	건축물의 층별 면적의 합계
건폐율	대지면적 대비 건축면적의 비율(높을수록 대지면적에 건물을 꽉 채워 지을 수 있음)
용적률	대지면적 대비 연면적의 비율(높을수록 층수가 많고 더 높은 건물을 지을 수 있음)

건축물의 넓이와 층수를 결정하는 건폐율과 용적율은 각각 대지면적에 대한 건축면적과 연면적의 비율로 계산하므로 다음과 같은 관계를 가진다.

$$건폐율(\%) = \frac{건축면적}{대지면적} \times 100$$

$$용적률(\%) = \frac{연면적}{대지면적} \times 100$$

실제 건축물을 예시로 설명하자면, 가령 서울 롯데월드타워의 용적률은 573%이다. 용적률이 573%라는 얘기는 롯데월드가 차지하고 있는 대지면적에 대비했을 때, 아무리 123층으로 높이 솟은 건물이라한들 각 층 면적을 모두 합친 연면적의 크기는 대지면적의 5.7배 밖에 안 된다는 이야기다. 즉, 제한된 용적률 안에서 건물을 높이 지으려면 결국 건물이 서 있는 곳, 즉 건축면적이 대지면적에 비해 그만큼 더 좁아져야만 하는 것이다. 따라서 땅이 없어서 건축면적을 더 확보하지 못한 것이 아니라, 위로 높게 짓는다는 목표를 위해 그만큼의 공간을 포기했다는 뜻이 된다. 만약 지금 높이에서 반을 줄이고 대신 건축면적을 두 배로 해서 지었다면 지금보다 더 넓은 공간을 확보할 수 있었을 것이다.

더불어 건물을 지을 때 연면적을 최대로 확보하는 것은 거의 관성으로 자리 잡은 관행과 같다. 만약 법정 용적률 상한을 꽉 채워서 건물을 짓는다고 했을 때, 1종 전용 주거 지역의 건폐율 상한선이 50%이고 용적률 상한이 100%라면, 자연히 그 지역의 건물은 2층짜리 단독주택으로 지어지게 된다. 즉, 100평의 대지면적이 있다고 했을 때, 건폐율 50%를 고려해 거기에 50평짜리 건축면적을 할당하고, 용적률 상한선인 100%를 고려해서 연면적 100평의 2층짜리 건물(50평×2층)을 짓는 관행이, 건축법을 어기지 않은 상태에서 나올 수 있는 자연스런 건물의 구조인 것이다. 그런 방식으로 연희동의 1종 전용 주거 지역은 큰 규모의 2층 양옥주택들이 즐비한 부촌으로 자리 잡았다.

나아가 이러한 원리로 1종 주거 지역에는 용적률 제한 때문에 그보다 높은 층수의 빌라가 들어설 수 없고, 그에 비해 2종 주거 지역의 용적률 상한선은 200%이기 때문에 100평 대지에 50평짜리 4층의 빌라 건물이 들어갈 수 있게 된다. 그러던 곳이 상업 공간으로 개발되기 시작하자, 이번엔 반대로 그런 낮은 용적률을 의식해 지어진 큰 규모의 2층 양옥주택들이 기존의 연남동이나 홍대 상권에서는 볼 수 없었던 대형 MD들이 들어갈 수 있을 만한 최대 부피의 공간으로 활용되게 되었다. 건물 하나가 200평씩 되는 곳이 한 번 상업 공간으로 개발되기 시작하자 랜드마크로 거듭나게 된 것이다. 연희동이 상권으로서 힘을 발휘할 수 있었던 것은 바로 이러한 조건들 때문이다.

토지의 미래 자원을 남기는 방법

이처럼 용적률을 낮게 묶어두는 건축 규제가 필요한 이유는, 미래에 사용할 토지의 퍼텐셜을 남겨놓기 위함이다. 서울시는 용적률을 풀어달라는 민원을 끊임없이 받는데, 앞서 언급한 엔트로피의 법칙에 의거해 한 번 풀어놓아 상향된 용적률은 좀처럼 조여들게 만들 수 없다. 땅을 높은 밀도로 한 번 써버리고 나면 지번이 잘게 쪼개지는 현상이 가속화돼 그 지역을 개발할 여력이 남지 않게 되고, 따라서 슬럼화되기도 훨씬 쉬워진다. 이처럼 법으로 용적률을 제한하는 것은 곧 미래를 위해서 토지의 잠재적 자원을 남겨둔다는 뜻이 되기 때문에, 규제 완화에 신중할 수밖에 없는 것이다.

이런 까닭에 1종 주거 지역의 건물과 땅값은 부동산 시장에서 액면 가치가 가장 낮게 매겨진다. 이 지역은 개발업자의 입장에서 연면적이 큰 건물을 제대로 지을 수 없는 곳이기 때문이다. 강남에도 1종 주거 지역이 있는데, 1종과 2종, 2종과 3종으로 넘어가면 건물 가격이 딱 2배씩 뛴다. 종이 바뀜에 따라 빌딩의 용적률과 연면적 크기가 그만큼 늘어나고, 거기에 주로 비싼 가치가 매겨지기 때문이다.

그런데 반대로 생각해보면, 용적률 제한으로 인해 커다란 단독주택을 중심으로 상권의 퍼텐셜이 남아 있던 1종 주거 지역이 개발되기 시작하면, 그 공간이 본래 갖고 있던 잠재력이 폭발하여 그 지역의 상업적 퍼텐셜이 이전과는 다른 방면으로 인정받는 결과를 가져오게 된다. 앞에서 얘기한 연희동 상권의 예가 그러하다.

상업 지역으로서 1종 전용 주거 지역은 가장 가치가 적은 땅이었지만, 그 공간이 한번 용도 변경이 되었을 때, 낮은 용적률로 인해 유지되던 공간의 독특한 특성이 곧 상업 공간으로서 높은 퍼텐셜과 낮은 엔트로피로 연결된 것이다. 부피가 큰 상업 공간에는 그러한 힘이 있고, 이것이 바로 최대 부피의 법칙이 적용된 결과다.

끝으로 용적률 제한이 가지는 의미를 알게 되었다면, 초고층 건물도 이제와는 다른 방식의 공간 구조를 상상해볼 수 있다. 가령 한 층의 층고를 혁신적으로 높이는 방식으로 건물을 설계하는 것이다. 기본적으로 용적률을 마음대로 풀어주지 못하는 까닭은 그것이 토지의 미래 자원과 연결되는 것 외에도, 한 건물에 많은 공간과 사람을 넣는 것을 마음대로 허용할 경우 도심의 과밀화 문제를 해결할 수 없기 때문이다. 땅의 면적은 한정돼 있고, 건물을 아무리 높게 짓더라도 거기 머무는 사람들은 결국 모두 땅으로 내려와서 이동해야 하는 까닭이다. 그럴 경우 용적률이 제한되는 지역에서 층수를 줄이고 각 층의 층고를 혁신적으로 높이는 방식으로 건물을 짓는 것도 가능할 것이다.

물론 초고층 건물에 얽힌 건축법상의 또 다른 규제인 고도 제한, 일조(日照) 제한 등의 과제가 해결되어야 하겠지만, 만약 그런 건물이 실제 시공될 경우 대단히 이색적이고 특이한 공간이자 지역의 랜드마크로 자리매김될 것이다. 연면적으로 상징되는 건물의 양적인 공간 효율보다, 온라인에 익숙한 사람들이 몸을 이끌고 그 공간까지 오게 만들 만한 어떤 독보적인 지점이 있느냐가 앞으로 상업 공간의 질적인 효율을 좌우할 것이기 때문이다.

Chapter 5

경계 지우기의 법칙

경계가 지워질 때 공간은 자연스러워진다

살아남는 공간의 필요조건, 자연스러움

지금까지 사람들이 어떤 공간을 더 좋고 아름답게 느끼는지, 어떤 공간일 때 그곳을 찾아가고 싶어 하는지에 대한 이야기를 나누어 왔다. 그런 공간들 중 대표적인 예가 바로 자연이다. 온라인 콘텐츠가 늘어갈수록 실제 자연을 경험하고 싶은 동경과 열망은 늘어나고, 그런 까닭에 등산과 서핑과 캠핑의 수요가 증가하고 있다. 집에서 싱그러운 화초 영상을 틀어 놓거나, 어느 경치 좋은 바닷가의 파도치는 영상을 틀어놓는다고 해서, 그것으로 실제 자연 공간에 대한 욕구가 완전히 해소되지는 않는다. 오히려 어디론가 여행을 떠나 실제 경치를 구경하고 싶은 욕망이 더 커질 뿐이다. 그러니 아무리 온라인이 자연의 그림자를 흉내 낸다 하더라도, 거기에 깔린 인간의 근원적인 욕망은 실제 오프라인 공간만이 채워줄 수 있고, 이는 오프라인 공간이 갖는 커다란 강점이라 할 수 있다.

그럴 때 사람들이 자연 가운데 정확히 어떤 요소로 인해 그곳을 좋다고 느끼는지 생각해볼 필요가 있다. 그런 요소들을 발견할 수 있다면 그것을 오프라인 상업 공간에 적극적으로 적용해보는 것도 가능할 것이기 때문이다. 물론 실제 자연과 가까운 곳에 입지를 선정하고 자연 경관을 그대로 안은 형태의 상업 공간도 좋겠지만, 모든 상업 공간이 설악산의 경치나 제주도의 풍경, 그랜드 캐니언의 장대한 풍광을 품에 안는 곳에 자리할 수는 없다. 그렇다면 자연 그대로는 아니지만, 자연의 경관을 구성하는 어떤 특정 요소들을 상업 공간 안에 효과적으로 구현할 수 있는지가 중요한 과제로 될 것이다.

'자연스럽다'는 감각의 중요성

상업 공간 안에 자연의 요소를 구현하고자 할 때 주의 깊게 살펴볼 감각 중의 하나가 바로 어떤 공간이 '자연스럽다'는 느낌이다. 우리는 보통 실제 자연을 보고 그 공간이 '자연스럽다'고 하지는 않는다. 자연은 그 자체로 자연인 것이고, 자연이 아닌 인공적인 것, 사람이 만든 폭포나 연못, 혹은 조화 등을 볼 때 칭찬의 의미로 그것을 자연스럽다고 부르곤 한다. 그리고 그런 인공적인 공간과 오브제를 보았을 때 그것이 자연스럽게 보이는 것은 아주 중요하다.

어떤 것이 자연스럽게 느껴질 때와 부자연스럽게 느껴질 때 사람들이 갖게 되는 호불호의 감각은 극심한 차이를 보이기 때문이다.

가령 어떤 공간이 색다르고 재기발랄하고 이전까지 못 보던 어떤 측면이 있다 해도 결과적으로 그 공간이 부자연스럽게 느껴진다면, 앞에서 열거된 여러 특징들 모두 허사가 되어버린다. 어떤 공간이 사람들에게 자연스러워 보이느냐 그렇지 않느냐는 매우 중요하다. 거기에는 내가 살아온 몇 십 년의 시간 동안 내 눈에 익은 자연의 어떤 요소들이 개입한다. 나아가서는 인류 공통으로 축적되어 온 어떤 형태의 집단무의식이 있다고 믿은 심리학자 칼 융의 생각처럼, 인간이 진화론적으로 지난 수십만 년을 살아오면서 뉴런(neuron)에 축적된 미추의 기준 속에 자연을 참조한 요소들이 이미 깃들어 있지 않을까 생각되기도 한다. 마치 1대 1.618의 황금비(黃金比) 같은 요소가 인간이 자연물을 보면서 자연스레 익혀온 아름다움의 느낌에서 온 것처럼 말이다. 그런 까닭에 어떤 공간이 아름다운가 하는 기준에서 그 공간이 자연스러운가의 여부는 앞으로 살아남게 될 좋은 공간의 필요충분조건은 아니더라도 일단 그것을 반드시 달성하기는 해야 할 필요조건이라고 볼 수 있다.

물론 공간의 콘셉트가 애초에 지극히 인공적인 경우도 있다. 앞에서 예를 든 젠틀몬스터 플래그십 스토어의 키네틱 아트의 경우가 그러하다. 하지만 10~15초 간격으로 움직이는 어떤 요소들이 실제로 자연에서 볼 수 있는 나뭇잎의 흔들림에서 착안한 것처럼, 그 오브제 중 일부가 이미 자연의 어떤 요소를 차용한 경우도 볼 수 있다. 나아가 그런 오브제를 보고 사람들은 신기하다거나 특이하다고는 말할지언정, 그걸 보고 부자연스럽다고 표현하지는 않는다. 더불어 우주선 콘셉트로 공간을 만든다거나, 어떤 비현실적이거나 초현실적인 콘셉트 등 도전적인 방향으로 공간이 기획될 때도, 최소한 그 공간이 부자연스럽게 보여서는 안 되는 측면이 있다.

자연스러운 것이 아름답게 느껴진다

2022년 개봉한 SF 블록버스터 〈아바타: 물의 길〉은 세계 영화 흥행 기록 1위를 기록한 전작 〈아바타〉의 뒤를 이어 역대 흥행 2위에 오르는 기염을 토했다. 이 작품이 흥미로운 것은 영화의 배경이 '판도라(Pandora)'라는 가상의 외계 위성임에도, 그곳에 대한 묘사가 지구의 자연과 대단히 흡사하다는 것이다. 만족할 만한 수준의 화면을 구사하기 위해 기술의 발전을 기다려온 제임스 카메론 감독이 발전된 기술력을 가지고 내셔널지오그래픽 다큐멘터리를 방불케 할 만큼 지구의 자연과 최대한 흡사한 환경을 구현해낸 것이 흥미롭다. 그러다 보니 영화 속 위계 위성에 등장하는 광경은 다소 이상하고 색다르지만 기본적으로 관객들에게 자연스러운 것으로 인식된다.

　판도라에 서식하는 상어는 지구의 상어와 매우 닮았지만 대신 입이 4개일 뿐이고, 고래도 지구의 고래와 매우 닮았지만 눈이 4개일 뿐이다. 하늘도 지구의 하늘에 비해 다소 비현실적으로 쾌

청할 뿐인 하늘이고, 물의 빛깔도 지구의 그것과 대동소이하다. 생각해보면 가상의 위계 위성이니만큼 발전된 기술로 지구와 아예 다른 환경을 구현할 수도 있었을 텐데, 가상의 외계 공간이라고 해서 거기에 관객들이 너무 큰 이질감을 갖지 않게끔 만든 것이 감독의 의도이자 노림수일 수 있다. 그러니 마치 CG를 동원해 잘 구현된 아쿠아리움을 구경하는 느낌을 관객들이 받게 되는 것이고, 거기에 묘사된 외계 위성의 풍경들이 모두 기묘하게 자연스럽다는 느낌을 받게 된다.

만약 그렇게 구현된 광경들이 결과적으로 부자연스러웠더라면 관객들은 영화 속 풍경이 아름답다는 생각을 훨씬 덜 하게 되었을 것이다. 만약 어떤 사람이 외계 행성이나 위성의 풍경을 실제로 경험할 기회가 있었다면 그때의 체험에 비추어 지구와 다른 어떤 색다른 풍경을 자연스럽게 받아들일 수 있었겠지만, 그런 경험을 한 인류는 극소수에 불과하다. 그런 까닭에 지구의 환경과 지나치게 다른 어떤 가상의 공간을 보았을 경우, 다시 말해 어떤 공간 자체가 비일상적인 것처럼 보이게 되면 그때부터는 사람들에게 익숙한 미의 경계와 기준이 모두 엎어지는 셈이 된다. 그런 기준을 다시 만들어 어떤 부자연스러운 풍경에 사람들이 몰입하고 그것을 아름답다고 느끼기란, 매우 어려운 일이다.

〈아바타〉의 감독은 그런 리스크를 짊어지고 싶지 않았던 것 같다. 실재하지 않는 가상의 세계를 우리가 경험한 실재와 너무 멀게 그려버리면, 그것이 영화 안에서나마 어딘가 실재한다고 관객들을 설득하는 일이 훨씬 어려워지기 때문이다. 그렇기에 우리에게 익숙한 자연의 근본적인 틀을 벗어나지 않은 채로 거기에 약간의 변주를 더하는 식의, 다시 말해 사람들이 흔히 접하는 일상의 자연을 바탕으로 거기에 외계 공간의 비일상성을 약간 더함으로써 〈아바타〉의 자연스런 룩을 만들어내게 된 것이다.

　　이처럼 사람이 어떤 공간을 인식하고 체험할 때, 그중에 의외로 많은 요소들이 자연으로부터 참조된 것이다. 가령 공간에 흔히 쓰이는 바닥 마감재는 대부분 석재와 목재의 외양을 띠고 있다. 원목 마루가 아닌 톱밥을 압축해 만든 강화마루나 합판을 쓴 강마루라 할지라도, 그 외양은 진짜 나무를 깎은 모양을 띠고 있다. 마찬가지로 석재 또한 실제로 대리석이 아닌 타일 재질이라도 그 외양은 진짜 무늬를 가진 돌을 모사한 경우가 많다. 거기서 단가가 조금 올라가는 재질인, 흔히 세라믹이라 불리는 고온에서 구워낸 고압축 강화 타일들도 실제 화강암이나 대리석 등 천연석과 비슷한 질감을 내게끔 만든 경우가 압도적으로 많다. 그렇게 만들었을 때 최소한 그것이 부자연스러워 보이지는 않기 때문이다. 공간 내부에 식물을 배치해 플랜테리어로 꾸미는 것 이전에도, 우리의 일상에는 이미 자연에서 차용된 수많은 요소들이 공간을 만드는 소재 등 여러 측면을 통해 들어와 있던 셈이다.

오늘날의 트렌드는 '보다 자연스럽게'

물론 자연이 최대한 배제된 인공적인 건축물이 유행했던 적도 있다. 더 웅장한 인공 구조물을 짓고, 자연 또한 그런 인공 구조물의 한 형태처럼 보이게끔 만드는 것이 멋진 건축물의 기준이 된 적이 있다. 가령 프랑스 베르사유 궁전의 정원 스타일이 그러한데, 그때의 정원은 살아 있는 정원수를 가지고 마치 벽돌로 지은 인공적인 성의 모습처럼 꾸미는 것이 목표였고, 그것이 더 아름답고 멋있고 권력의 상징인 것으로 여겨졌다. 하지만 그런 스타일들이 오늘날 여전히 추구되는 것 같지는 않다. 오히려 지금은 인공적으로 구현한 공간임에도 그 공간이 거의 실제 자연과 흡사한 형태로 구현된 것을 더 선호하는 추세다. 그 편이 사람들에게 보다 직관적이고 친숙하게 가닿을 수 있는 자연스러운 아름다움에 가깝기 때문이다.

그러한 흐름을 잘 보여주는 예시가 바로 수초 어항, 수중 조경의 트렌드다. 수초 어항과 관련하여 원래는 각 나라마다 수초 어항을 꾸미는 자국 특유의 방식이 있었는데, 지금은 수십 년째 일본에서 유래된 방식이 사실상 세계적인 표준으로 자리 잡고 있다. 아마노 타카시(天野尚)라는 사람이 창안해낸 방식으로, 수중 조경을 최대한 자연과 흡사해 보이게끔 담는 스타일이다. 그 전까지 수초 어항을 꾸미는 트렌드는 어항 안에 작은 미니어처를 만들려는 시도였다. 용궁을 표현한 작은 인공 구조물이 있고, 그 위로 산과 달이 있고, 아래로 길이 있는 식이었다. 그런데 아마노가 '내추럴 아쿠아리움'이라는 스타일을 창안한 뒤부터는 수중 조경의 흐름이 근본적으로 바뀌었다.

그의 수중 조경 스타일은 실제로 물속에 있는 자연을 그대로 담은 듯 연출하는 것이다. 핵심은 수초를 가지고 무언가 다른 것을 흉내 내려 하지 않고 수초를 수초 그대로 조경에 활용하는 것이다. 유목(流木)이 있으면 그걸 나무로서 활용하고, 유목이 물속에 잠긴 형태 자체에서 아름다움을 찾는 식이다. 그래서 아마노가 자주 했던 작업이, 실제로 수중 환경을 카메라로 촬영해서 그것과 유사한 형태로 수초 어항을 꾸미는 방식이었다. 그런 식으로 아마노 타카시와 그가 창업한 세계 최대 수초 관련 용품 업체인 'ADA 갤러리'는 소위 '물생활'에 커다란 획을 그었다.

그렇게 자연 환경을 가급적 똑같이 모사하는 스타일이 나오게 되니, 이전까지 유행했던 수중 조경 스타일, 예를 들면 폭포를 만들고 레진을 통해 인공 구조물을 만들고 물레방아를 설치하는 식의 수중 조경이 부자연스럽게 보이게 되었다. 스타일의 흐름이 그렇게 바뀌어온 데에는 사람들이 이미 여기저기서 인공적인 것들을 너무 많이 접하고 있고, 그랬을 때 사람들이 보다 아름답고 귀하다고 느끼는 것이 바로 그렇게 인공적인 어항 안에 최대한 자연을 집어넣은 형태였기 때문이다. 내 집 안에 살아 있는 자연을 넣을 수 있다는 바로 그 점이 사람들을 내추럴 아쿠아리움에 매료시킨 비결이었다.

이처럼 오프라인 공간에 대한 열망의 근원적인 부분에는 인간이 오프라인 공간을 통해 느꼈던 가장 원초적인 경험인 자연이 도사리고 있다. 따라서 오프라인 상업 공간에서도 어떻게 하면 자연의 요소들을 차용하여 인공적으로 구현한 공간 안에서 보다 자연스러운 감각들을 사람들에게 전달할 수 있는지에 따라 그 공간의 품질과 흥행이 결정될 가능성이 높다.

건축, 인테리어, 조경의 경계 지우기

인공적인 풍경에 비해 자연의 풍광이 결정적으로 다른 요소 중의 하나가 서로 다른 지역인 A와 B의 경계가 분절되어 있지 않다는 것이다. 만약 숲길을 걷다가 어느 순간 갑자기 나무가 양옆으로 정연히 뻗어 정돈된 길을 만난다면, 그 길을 보고 자연스럽다고 느끼는 경우는 드물 것이다. 그러한 길은 인간의 인위적인 개입으로 조성된 것이다. 그렇지 않고 자연적으로 만들어진 길이라면 나무들이 그렇게 반듯이 자랄 리도 없고, 나무와 길 사이는 초목으로 덮여 그 경계가 불분명하게 연출될 것이다. 그러니 자연스러움의 본질은 어떤 균일하고 가지런한 것이 아니라 랜덤하게 분포되어 규칙이 없는, '규칙 없음의 규칙'에 가깝다고 볼 수 있다. 말하자면 엔트로피가 낮아져 있는 무질서의 상태, 서로 다른 요소들이 섞여서 혼재되어 있는 상태가 자연과 가까운 것이다.

　강 같이 경계가 뚜렷해 보이는 자연 공간, 즉 강과 땅의 경계가 분명해 보이는 공간조차 어디서부터가 물이 흐르는 공간이고 어디서부터가 마른 땅인지, 어디서부터가 산이고 어디서부터가 계곡인지 특정하기 어려운 경우가 많다. 바다와 해변으로 치면 만조 때 바닷물에 잠겼다가 간조 때 뭍으로 드러나는 갯벌이 그와 비슷한 공간이라 볼 수 있다. 그렇게 경계를 짓기 모호한 공간들이 자연에는 많고, 그런 자연에서 온 공간적인 특성에 착안하여 인공적인 공간에서도 그런 경계 지우기가 구현되었을 때 비로소 사람들은 그 공간을 자연스럽다고 느끼게 된다.

한 공간의 경계가 지워지지 못하는 이유

경계가 불분명한 자연의 요소를 인공적인 건축물에 효과적으로 적용한 사례가 1939년에 완공된 프랭크 로이드 라이트(Frank Lloyd Wright)의 '낙수장(Fallingwater)'이다. 르 코르뷔지에(Le Corbusier)가 철근 콘크리트 건물의 원형, 즉 우리가 알고 있는 인공 건물의 근본을 만들어낸 건축가라면, 프랭크 로이드 라이트는 그 인공 건물 안에 자연이 파고들게끔 한 건축가이다. 낙수장의 개념은 실제로 물이 떨어지는 자연 위에 건물을 얹은 것이고, 그런 식으로 자연이 인공적인 공간 안에 공존하고 있다. 즉, 실제 존재하는 자연의 공

'낙수장'을 통해 자연 속에 자연스럽게 연결된 건축물을 선보인 프랭크 로이드 라이트는 흔히
정반대의 성격으로 규정되는 자연과 인공의 경계에 대한 새로운 시각을 선사했다. 이러한 경계
지우기는 오늘날 상업 공간에 꼭 필요한 요소이기도 하다.

사진 | 낙수장

사진 | 낙수장

간 위에 인공적으로 만든 구조체가 있고, 다른 차원에 있던 공간이 서로 중첩되어 있는 상태, 자연과 인공 사이의 경계가 흐릿해진 상태를 보여주고 있다. 우리가 낙수장을 보면서 느끼는 어떤 신비로움과 아름다움의 감각들은 그런 요소들에서 오는 것이다.

그런데 상업 공간에서 그런 자연을 닮은 경계 지우기의 미학이 구현된 공간은 별로 없다. 거기에는 이유가 있다. 자연과 인공이 자연스럽게 서로 섞인 공간이 만들어지기 위해서는 건축 프로젝트 단계에서 그 공간들의 경계가 지워진 상태로 구현될 수 있도록 각 단계의 전문가들이 서로 협업할 수 있는 구도가 만들어져야 한다. 하지만 대부분의 건축 프로젝트는 애당초 그런 통합적인 작업을 허용하지 않는 방식으로 시스템이 짜여 있는 경우가 많다. 가령 설계는 설계업체가 하고, 시공은 시공업체가 하고, 조경은 조경업체가 전문으로 있어서 그들이 조경 관련 설계와 시공을 따로 하는 식이다. 그렇게 처음부터 서로의 역할이 분절되어 있으면, 처음 기획 과정에서 프로젝트 매니저가 각자의 롤을 정해주고, 각자의 영역을 맡은 전문가들이 서로 다른 타임테이블에서 각자의 역할에 몰두하는 식으로 프로젝트가 진행된다.

만약 그럴 때 한 공간을 수평으로 잘라서 레이어를 만들고, 그 레이어에 각 전문 분야들이 작업을 쌓는 식으로 일한다면 그 공간이 통합적인 형태로 구현될 수도 있다. 하지만 그보다는 공간을 수직으로 잘라서, 너는 A 영역, 너는 B 영역, 너는 C 영역, 이렇게 공간을 물리적으로 구분해서 각 영역에 할당하는 경우가 더 많다. 그럴 경우 그 작업들이 합쳐지너라도 절내 경계 없는 공간이 나올 수 없다. 프로젝트 자체가 이미 경계 지어진 채로 분할되어 진행되었기 때문이다.

공간 설계에서 조경이 분리되는 이유

공간이 만들어질 때 자연에 가까운 요소들이 들어가는 부분은 대부분 조경업체가 담당한다. 건축 현장에서 조경은 주로 다른 건축 과정에 비해 전문화가 안 된 채 시공되거나, 아니면 다른 건축 과정과 아예 분화된 채 고도로 발전된 형태를 띠거나 둘 중 하나다. 전자의 경우는 대부분 규모가 작거나 비용이 적기에 전문 조경 업체를 쓰지 않고, 조경의 경험이 적은 사람이 그냥 자기가 할 수 있는 걸 하는 정도의, 고도화된 조경을 기대할 수 없는 프로젝트들이 많다. 더불어 후자의 경우처럼 건축과 조경이 아예 분리되게 된 데에는, 애초에 조경에는 다른 건축 분야가 좀처럼 따라잡을 수 없는 전문 지식이 요구되기 때문이다. 조경은 대개 조경 설계와 시공을 전문으로 하는 업체가 따로 있는데, 다루는 대상이 생물이기 때문에 그 생물의 생육 특성에 대해서 알지 못하면 자연이 섞인 조경을 효과적으로 구현할 수가 없고, 구현했더라도 식물이 쉽게 죽거나 하는 문제들이 발생한다.

　다른 건축 설계와 시공의 경우 보통 설계 도면과 가까운 식으로 시공했는지 따지기가 쉽지만, 조경의 경우 설계 단계에서 구상한 식물과 돌을 실제로 그대로 구할 수 있을지는 아무도 모른다.

결국 자연은 랜덤한 선택지 중에서 무언가를 가져오는 작업이기 때문이다. 또한 조경 설계 단계에서 구상한 식물이 한국의 혹독한 사계절을 모두 견딘다는 보장도 없다. 가령 열대 느낌을 내고 싶어서 서울에 종려나무를 쫙 심었다면, 여름에는 살겠지만 겨울이면 다 죽고 말 것이다. 따라서 그 식물의 북방한계선을 고려해 생존할 수 있는지의 여부와, 다음으로 식물을 심을 부지가 남향인지, 일조량은 얼마나 되는지, 땅의 깊이는 얼마고 흙의 재질은 무엇인지 등 식생과 관련된 여러 가지 변수들이 존재한다. 그러니 흔히 가로수로 쓰이는 나무 외에 어떤 특정한 분위기를 내기 위한 특정 식물을 조경에 적용하기 위해서는 만만찮은 배경 지식과 노하우가 필요하고, 건축 및 인테리어 전문가가 서브 지식으로 좀처럼 접근하기 어려운 범주가 된다.

이렇게 조경이 다른 건축 과정에 비해 전문화되어 있다 보니, 조경이 다른 건축 및 인테리어와 협업하여 함께 완성도 있는 공간을 만들어가는 경우도 드물다. 그러다 보니 흔히 자리 잡는 관행이 건축가가 공간을 설계할 때 조경업체가 담당할 영역을 아예 구획지어 보내는 것이다. 가령 도면상 이 위치에 이런 모양의 화단을 만들고, 그것대로 건물이 올라간 다음 미리 구획된 공간에 조경업체가 조경을 마무리하는 식이다. 그렇게 구획된 화단이 생기는 순간, 이 화단은 아무리 노력해도 자연스러운 공간이 될 수 없다. 실제 자연 경관은 요소들 사이의 경계가 없고, 경계를 지워서 공간을 만들수록 그 공간이 자연스럽게 여겨지는데, 그렇게 구획된 화단은 이런 경계 시우기의 법식에 위배되는 공간이기 때문이다.

인공적으로 화분을 늘어놓는 대신 실제 나무를 심는 방식으로 숲에 들어온 듯한 분위기를 자아내는 '어나더사이드'의 내부 모습. 자연을 안으로 끌어들이는 공간 기획에서는 인공물도 최대한 실제처럼 보여야 한다. **사진** | 글로우서울

글로우서울이 상업 공간에 자연을 들여올 때 자주 적용하는 것이 콘크리트로 타설된 바닥 위에 화분을 놓거나 화단을 만들어 나무를 심는 것이 아니라, 건물 안의 바닥을 실제로 파서 거기에 식물을 심는 형태다. 그렇게 해야만 식물을 심은 곳과 콘크리트로 된 인공적인 공간의 경계가 서로 지워져 자연스런 분위기가 연출되기 때문이다. 실제로 건물에 구멍을 내고 흙을 채워 거기에 심은 나무와 화단 및 화분에 심은 나무는 서로 엄청나게 다른 공간 체험을 가져온다. 그리고 그런 시도들은 기본적으로 건축의 설계와 시공과 인테리어와 조경이 모두 철저히 구분된 채로는 절대 할 수 없는 일이다.

건축, 인테리어, 조경의 유기적 연결

한 공간에서 자연과 인공의 경계를 흐리게끔 만들어 그 공간을 자연스럽게 연출하려면, 건축과 인테리어와 조경의 경계를 일단 흐리게 만들어야 한다. 그런데 대부분의 건축 프로젝트들은 이 영역이 철저히 나눠져 있는 경우가 많다. 이유는 바로 비용 문제인데, 한 건물이 인허가부터 시작해서 설계 및 시공을 거쳐 완성되기까지는 최소 5년, 길면 10년이 넘게 걸린다. 그런 까닭에 인테리어나 조경은 인건비와 시간 절약의 차원에서 설계 단계가 아니라 공사가 시작되고 난 후에 참여하게 될 때가 많다. 그렇게 되면 인테리어와 조경은 도면이 다 정해진 상태에서 합류하게 되고, 공간의 콘셉트 기획과 설계 단계에는 애초에 참여할 수가 없게 된다.

그렇게 될 경우 공간이 만들어지는 전 과정에서 기획을 하는 사람은 사실상 공간을 처음 설계하는 건축가밖에 남지 않게 된다. 건축의 각 영역이 전문화되는 것까지는 좋지만, 그 건축가가 공간의 콘셉트를 정해 전문가들에게 일을 미리 나눠주고, 그 후로는 각자 영역을 채우는 릴레이식으로 작업이 되다 보면, 건축과 인테리어와 조경이 통합적으로 굴러가는 협업의 그림은 불가능해질 수밖에 없다. 이 방식 자체가 애초에 모든 요소들의 경계를 강화하고 있기 때문이다. 이러다 보니 유능한 건축사가 기획하고 설계할 경우 간혹 특이하고 신기한 건축물이 잘 만들어지기도 하는 반면, 거기에 자연이 들어가는 순간 그것을 성공적으로 구현한 공간은 그보다 드물어지게 된다. 그렇게 이미 경계 지어진 프로젝트 안에서 조경업체가 아무리 솜씨를 부린들, 그 공간이 요소들 간의 경계가 지워진 자연스런 공간으로 연출되기란 상당히 어려운 것이다.

이렇듯 건축과 인테리어와 조경의 분절된 관행이 개선되기 위해서는 애당초 공간을 기획할 때 그 공간의 콘텐츠가 어떤 것인지에 대한 설계 과정에서부터 건축과 인테리어와 조경의 각 부문이 함께 참여하여 공간의 콘텐츠와 방향에 대해 각자가 유기적으로 협업하고 소통하는 형태로 공간을 만드는 것이 가능해야 한다. 콘셉트가 중심에 있지 않은 채 일단 건물을 설계해 시공하고 남는 부분을 인테리어와 조경이 채우는 방식이 반복된다면, 이미 구획된 공간 안에 자연이 들어가는 식의 부자연스러운 조경은 앞으로도 개선되기 어려울 것이다.

설계 단계의 경계 지우기

나아가 건축물의 설계와 시공 과정에서도 당초의 공간 콘셉트가
잘 스며들지 않는 경우가 많다. 그 이유는 건축 설계의 과정에서조
차 각 설계 단계, 즉 공간 콘셉트 설계, 기본 설계, 실시 설계의 경
계와 그것들을 담당하는 주체들이 서로 분리되어 있는 경우가 많
기 때문이다. 그렇다면 왜 각각의 설계 단계가 분리되어 있는 걸
까? 앞에서 본 건축과 인테리어, 조경이 나뉘어져 있는 것처럼 여
기에도 나름의 이유가 있다.

실시 설계에 집중되어 있는 국내 건축업계

설계는 보통 콘셉트 설계, 기본 설계, 실시 설계, 이렇게 세 가지로 나뉜다. 콘셉트 설계는 정말로 공간의 핵심 콘텐츠가 무엇인지를 구상하고 기획하는 일로, 모든 설계 업무의 꽃이라 할 수 있다. 기본 설계는 정해진 콘셉트 설계를 좀 더 디테일하고 현장에 맞게끔 만드는 일이고, 실시 설계는 정말로 이대로 딱 지어질 건물의 도면을 만드는 것이다. 일의 양으로 보면 당연히 실시 설계가 압도적으로 많다. 설계 도서(圖書, 도면과 서류)를 기준으로 봤을 때, 콘셉트 설계는 엄청난 크기의 건축물이라도 보통 10~20장 정도에 그친다. 만약 콘셉트 설계에 소요된 도서가 10장이면, 기본 설계로 가면 100장으로 불어나고, 실시 설계로 가면 3,000~4,000장으로 불어나게 된다.

과거에 건축물을 지은 예술가들, 가령 미켈란젤로의 경우 건물의 설계뿐만 아니라 거기에 들어가는 벽화와 조각까지 자기가 직접 담당하는 경우가 많았다. 그 능력이 대단하고 경탄스러울지언정, 그 모든 일들을 다 하는 사람이 있다는 것이 당시에는 별로 이상하지 않았을 것이다. 그런데 현대에는 그런 경우를 거의 찾아보기 힘들다. 능률과 효용을 위해 각 건축 분야를 더 세분화하고 각각의 역량을 전문화하는 데 매달려왔기 때문이다. 인테리어만 하는 사람, 도면만 치는 사람, 기획 설계만 하는 사람, 실시 설계만 따로 하는 사람, 그리고 설계도가 현장과 맞지 않을 때 현장에 맞게끔 도면을 수정하는 샵드로잉(shop drawings)만 전문으로 하는 사람이 다 따로 나뉘는 식이다.

또한 설계와 콘셉트의 관계를 볼 때, 세계 유명 건축설계사무소의 경우는 공간 콘셉트를 설정하고 그 설정된 콘셉트대로 설계 도면을 만드는 일에 특화되어 있다. 가령 노먼 포스터(Norman Foster) 사무실이 있고 그 노먼 포스터 밑에 100명의 설계자가 있다고 한다면, 노먼 포스터라는 뛰어난 설계자 밑에서 그가 추구하는 설계 방향과 비전을 따라 공간의 설계를 돕는 사람이 100명 있는 셈이다. 안도 타다오(安藤忠雄)의 사무실도 몇 십 명의 설계자들이 함께 그의 비전을 실행하는 구조다. 그러다 보니 그 안에서 자연히 각각의 스튜디오의 색깔과 특정한 정체성이 발생하고, 그것을 발전시키고 심화시키는 것 또한 가능해진다.

그에 비해 국내 건축설계업체들의 사정은 다르다. 5개의 주요 건축 설계업체에 국내 건축사(建築士)들의 약 85%가 소속되어 있고, 이들은 시공이 아닌 설계만을 담당한다. 세계적으로 시공업체는 대형화되는 것이 추세인데, 가령 롯데월드타워같이 큰 건물을 중소형 시공업체들 50개가 연합해 짓거나 하기는 어렵기 때문이다. 결국 설계 업무 중 국내 건축설계업체가 하는 설계는 주로 콘셉트 설계가 아니라 실시 설계이다.

국내 건축설계업체가 하는 설계가 주로 실시 설계라는 말은 한국의 건축사들이 하는 대부분의 일이 실시 설계라는 뜻이다. 즉, 압도적으로 업무 양이 많은 실시 설계의 일을 많은 수의 건축사를 통해 최대한 빠르게 해주는 것을 장점으로 내세우는 식이다. 이를테면 규모의 경제를 양적인 기준의 역량을 통해 달성한 것이다. 그러다 보니 국내 대형 건축설계업체들은 각기 500명에서 1,000명 사이의 건축사를 보유하고 있지만, 각각의 회사가 가지고 있는 공간 기획의 차별화된 스타일이랄 게 없어지게 된다.

이들은 변호사 업계로 따지면 로펌 같은 곳이어서, 기업에 소속된 각각의 건축사가 각자의 면허를 갖고 자기 나름대로 설계하면서 소속된 기업으로부터 월급을 받는 식으로 운영된다. 그러니 이런 회사들은 대형 프로젝트를 양적으로 소화할 수 있는 능력이 핵심일 뿐, 공간 기획의 질적인 측면을 내세우거나 하나의 응집된 비전을 구현하는 공간 기획을 중심으로 성장한 것은 아닌 셈이다. 이 점이 해외 유명 건축설계사무소와 크게 다른 점이고, 한국 건축 업계의 오랜 문제점 중 하나다.

해외 설계 사무소에 집중되는 콘셉트 설계

더욱 우려되는 바는, 국내 건축 프로젝트의 콘셉트 설계는 정작 해외 설계 사무소들이 담당하는 경우가 많다는 점이다. 마치 애플 아이폰의 조립은 중국 폭스콘(Foxconn)에서 담당하지만, 그 제품의 핵심 설계는 미국 캘리포니아 본사에서 하는 것과 같은 이치다. 애플 본사의 아이폰 설계팀이 어림잡아 4,000명가량이라면 폭스콘의 노동자들은 40만 명에 달할 것이다. 이것이 곧 콘셉트 설계와 실시 설계의 차이다. 가령 노먼 포스터 사무실에서 만들어내는 콘셉트 설계에 대해, 그 건물의 실제 시공에 필요한 실시 설계를 하기 위해서는 적어도 10배 이상의 인력이 필요하고, 그걸 주로 한국 대형 건축 설계업체들의 건축사들이 맡는 식이다.

이렇게 한국의 프로젝트 중 99%는 콘셉트 설계를 대부분 해외에서 받아오고, 국내 건축사들은 사실상 남이 기획해 놓은 것을 현장에 맞게 푸는 일을 주로 하고 있다. 물론 실무를 맡은 건축사들의 노동 가치는 존중 받아야 하고 또 훌륭히 맡은 일을 해내고 있지만, 이렇게 되면 국내 건축사들에게는 사실상 공간 기획에 대한 근본적인 지분이 주어지지 않는 셈이 된다. 상대적으로 실시 설계란 이미 누군가가 해 놓은 공간 기획을 현장에 맞게 푸는 작업에 가깝고, 스스로 공간 기획에 착수하여 거기서 나온 콘셉트를 현장에 관철시키는 일과는 거리가 멀기 때문이다.

글로우서울에서 의왕시 롯데프리미엄아울렛 타임빌라스 공간 기획을 맡았을 때, 롯데 측에서 이렇게 말한 적이 있다. 국내 유통 3사에서 국내 설계업체에게 기획 콘셉트 설계를 준 것은 아마도 이번이 처음일 것이니, 프라이드를 가져도 된다는 것이었다. 정말로 백화점과 쇼핑몰의 콘셉트 설계를 국내 업체가 맡은 것이 처음인지는 알 수 없지만, 적어도 그만큼 콘셉트 설계를 국내 업체가 맡는 경우가 드물다는 말일 것이다. 이것은 한국 건축 설계 시장이 지닌 왜곡된 구조이자 큰 문제점이다.

이런 상황에서 국내의 건축사가 하는 일은 거의 공학자와 같은 역할로 자리 잡게 됐는데, 그 역할이란 건물을 설계할 때 현재의 건축법규 안에서 최대의 연면적을 뽑아주는 능력이다. 가령 건물이 들어설 지역의 용적률 상한이 200%라고 하면, 100평 부지에 연면적 200평이 나오는 건물을 지을 수 있을 것 같지만 실제로는 그렇게 짓기 어려운 경우가 많다. 왜냐하면 앞서 언급한 건폐율, 즉 대지면적 대비 건축면적 비율의 제한과 더불어, 대지 경계로부터 1미터, 특정 경계로부터 2미터, 그리고 중앙도로로부터 4미터 안쪽으로 들어와야 하는 등 간격을 두어야 하고, 가장 중요한 변수로 건물이 9미터 이상의 올라가는 지점부터는 옆집의 햇볕을 가리지 않기 위해 더 안쪽으로 건물이 들어와야 하는 등 다양한 규제들이 있기 때문이다. 이렇게 한국의 건축법상 규제는 매우 까다롭게 설정되어 있기 때문에, 용적률 제한 200%의 2종 이상 지역부터는 용적률을 꽉 채우는 건물이 나오기가 힘들다.

이에 따라 건축사의 주요한 역할은 건물을 어떻게 희한하게 짓든지 간에 건물의 최대 연면적을 찾아주는 방식으로 설계하는 것이 된다. 거기에 건물이 아름다운가 그렇지 않은가는 별로 유의미한 기준이 되지 못하는 경우가 많다. 말하자면 철저히 기계적이고 수학적인 작업인 셈이다. 그리고 클라이언트들도 애초에 건축사에게 그런 역할을 기대하는, 즉 그 땅에 지을 수 있는 최대 연면적을 뽑아내기 위한 니즈를 가지고 건축사에게 설계를 의뢰하는 경우들이 많다. 그러니 아파트를 설계할 때도 거기에 들어와 살 이용자들의 생활 패턴 등을 고려하는 것보다는 연면적이 가장 큰 아파트가 좋은 아파트가 되고, 상가 건물을 설계할 때도 거기에 들어가 영업을 할 당사자의 상업적 퍼텐셜보다는 최대한 많은 평수를 분양할 수 있는 건물이 곧 좋은 건물이 되는 것이다.

공간 경쟁력이 필요한 시대의 설계

이러한 방식은 적어도 공간의 양적 효율을 높이고 공간 기획 단계에서 설계 비용을 줄이기에는 좋은 방식일 수 있었다. 하지만 지금은 세상이 바뀌었다. 온라인의 대두로 오프라인 공간에 가는 것이 당연한 일이 아니게 되었고, 오프라인 공간에 애써 사람들이 와야 할 이유를 만드는 것이 중요해졌으며, 그에 따라 이전과 다른 수준의 공간 경쟁력과 완성도가 필요해졌기 때문이다. 인류의 문명은 발전할 필요가 없을 때 발전하는 법이 없다. 전쟁 때 인류의 과학 기술이 급격히 발전하는 것과 같은 이치다. 만약 오프라인 공간이 예전과 같은 방식으로 계속 만들어져도 오프라인 공간의 수요가 여전히 유지되었다면, 이 모든 법칙과 고려들은 필요하지 않을 수도 있다. 하지만 지금은 그렇게 하던 대로 공간을 만들면 안 되는 시기가 왔고, 예전보다 훨씬 높은 수준의 공간적 완성도가 필요한 세상이 되었다.

그랬을 때 공간의 완성도를 높이는 방법은 크게 두 가지다. 첫 번째는 과거 미켈란젤로처럼 한 명의 천재가 나와서 건축 설계와 시공의 전 과정을 모두 관장하는 것이다. 물론 그것은 쉽지 않은 일이다. 두 번째는 공간의 콘셉트 설계와 기획 단계에서부터 각 분야의 전문가들이 함께 참가해 공동의 작품을 만드는 것이다. 하나의 공간이 만들어지는 데 필요한 영역들, 각자의 전문화된 기획들의 경계가 모호해지고 하나로 합쳐져야만, 자연과 인공, 건축과 인테리어와 조경의 경계가 지워진, 이전과 다른 차원의 자연스러운 공간이 탄생할 수 있다. 이어 그리기와 함께 그리기가 완전히 다른 차원의 결과물을 낳는 것처럼, 공간의 경쟁력을 높이기 위해 이런 통합적인 기획이 가능해질 필요가 있다.

이제까지 그런 방식이 시도되기 어려웠던 까닭은, 각 전문 분야에 소요되는 인건비를 되도록 절감하기 위해서였다. 왜냐하면 건물이 실제로 올라가려면 몇 년이 남았는데, 건축물을 처음 기획 설계할 때부터 실내 건축 디자이너와 조경업체도 같이 참여하고 논의하게 되면 그만큼의 시간이 소요되고 그에 따른 인건비가 추가로 발생하기 때문이다. 따라서 프로젝트의 타임 테이블에서 각 분야의 영역이 집중할 수 있는 시간대를 최소한으로 설정하고 일의 영역을 나누는 것이, 용역비를 최소한도로 들이는 효율적인 길이었다. 하지만 그런 방식을 유지할 경우 이제까지 수없이 양산되어 온, 각 요소들의 경계가 뚜렷한 형태의 공간만이 만들어지게 된다. 그런 방식으로는 오프라인 상업 공간의 근본적인 경쟁력을 도모할 수 없다. 이전보다 완성도가 훨씬 높은 공간들, 자연을 닮아 경계가 지워진 공간들이 시장에 나오기 위해서는, 바로 건축 설계와 시공 과정의 각 경계들이 서로 허물어져야 한다.

분리된 설계가 보여주는 한계

국내 건축 전문가나 건축설계업체에게 콘셉트 설계를 맡기지 않는 것은 비단 건축계뿐만 아니라 과거 한국 산업 전반의 관행과도 연결되어 있다. 가령 패션 브랜드에서 수석 디자이너를 해외에서 데려오거나, 자동차 디자인도 콘셉트를 외국 디자이너에 맡기는 등 외부 의뢰 구조는 오랫동안 이어진 관행이었고, 현재에도 그 풍조가 어느 정도 남아 있다. 건축계에서도 마찬가지 구도가 연출되어, 대형 프로젝트는 해외의 유명 건축가에게 콘셉트 설계를 맡기고, 국내 건축가들에게는 상대적으로 작은 건물의 일거리, 즉 실용적인 상가 건물이나 아파트 건물, 소규모의 사옥이나 오피스 설계만 들어오는 식이다.

하지만 설령 노먼 포스터가 한국의 A 건축가보다 위대하다 하더라도, 실제로 한국에서 건설되는 건축 프로젝트의 경우 노먼 포스터보다 A 건축가가 더 잘할 수 있는 포인트가 있다. 일단 프로젝트가 의뢰되더라도, 노만 포스터가 한국의 현장을 직접 방문해 충분한 기간 동안 그곳을 천천히 돌아볼 가능성은 아주 적다. 생각해보면 건축가가 건물이 지어질 현장을 한 번도 와보지 않은 채 건축물을 설계하고 기획한다는 것은 이상한 일이다. 사진과 영상으로는 파악할 수 없는, 그 건축물이 놓이게 될 환경과 지형 등에 대해 국내 건축가들이 더 풍부하게 파악하여 그것을 건축 설계에 반영할 수 있는 것은 당연하다. 이렇듯 국내 건축가들이 해외 유명 건축가들보다 더 잘할 수 있는 지분은 분명히 존재한다.

이런 맥락에서 건축물의 콘셉트 설계를 외국 설계 사무소에 맡겼을 때 어떤 문제점이 나타날 수 있는지 서울시의 대표적인 공공건축 프로젝트 두 곳의 사례를 살펴보자. 하나는 동대문운동장이 철거된 자리에 들어선 '동대문디자인플라자(DDP, 2014)'이고, 다른 하나는 서울역 고가도로를 개보수한 '서울로7017(2017)'이다. 두 건물 모두 비슷한 문제점과 한계를 안고 있다.

콘셉트의 구현에 실패한 DDP

DDP 설계 공모 끝에 자하 하디드(Zaha Hadid)의 작품이 당선되었을 때, 국내 건축학계에서 그 일이 큰 화제가 되었다. 자하 하디드가

'세계 최대 규모의 3차원 비정형 건축물'을 표방하는 DDP는 건립 기간과 비용 등 모든 면에서 최대 규모의 프로젝트였다. 그러나 공간의 역사적 가치에 대한 이해 부족, 막대한 예산, 공간 활용 문제 등 여러 면에서 우려의 목소리가 있었다.

사진 | 동대문디자인플라자

프리츠커(Pritzker) 건축상 수상자이자 해체주의 건축을 표방하는 세계적인 거장이라는 점은 의심할 여지가 없다. 다만 당시 제기된 문제 중 하나는 동대문의 인문지리적 성격과 자하 하디드의 설계가 과연 어울리는가에 대한 의문이었다. 사실 스타일에 우열이 없듯이 거기에는 정답이 있을 수 없다. 당시 공모에 출품되었던 다른 건축물들의 스타일은 현재의 DDP와 너무도 다른 형태를 띠고 있고, 그중에 어떤 디자인이 더 좋은지는 그야말로 취향의 문제일 수 있기 때문이다.

문제는 DDP가 자하 하디드의 콘셉트 설계와 사실상 다른 건물로 시공되었다는 것이다. 실제로 콘셉트 설계안과 비교해 실제 지어진 건물은 같은 건물이라고 상상할 수 없을 정도다. 그런 일이 발생한 이유는 애초에 현장에 찾아올 일이 드문 해외 건축가가 콘셉트 설계를 맡았고, 그 콘셉트 설계의 건축적 신념이 이후 단계인 기본 설계와 실시 설계에 제대로 반영되지 못했기 때문이다. 실제로 자하 하디드는 자기의 건축 콘셉트를 어떻게 구현할지의 시공법에 대해 아무런 해답이 없는 채로 다른 설계업체에 자기 설계 콘셉트를 던지고 간 셈이다.

DDP는 자하 하디드가 만든 모든 건물들 중 가장 규모가 크고 비용이 많이 든 건물이고, 세계에 존재하는 비정형 건물들 중 가장 큰 건물이다. 보통 그런 해체주의 콘셉트의 건물은 그래픽으로만 존재할 뿐 실제로 지어지기 어려운 형태들이 많다. 그러니 실시 설계를 맡고 시공을 담당한 업체에서도 고민이 정말 많았을 것이다. 한국에 와보지도 않은 어느 유명 건축가가 콘셉트 설계를 보내 왔는데, 그 건축가가 해체주의 콘셉트대로 머릿속에 있는 걸 스케치한 몇 장의 그림을 가지고 실시 설계에 들어가야 하는 셈이다. 그러면 어떻게든 쥐어짜서 그 콘셉트 설계를 현실에 구현할 방법을 찾아야 하고, 그 과정에서 건축물의 기능과 외형의 일관성, 설계 원안과 실제 시공 단계에서 일관되게 관철되는 콘셉트의 힘은 약해질 수밖에 없다.

가령 DDP의 모든 겉면은 곡면으로 처리되어 있다. 그걸 보는 사람들은 자연히 내부 공간도 곡선 형태로 마무리되었을 것이라 상상하겠지만, 사실은 네모난 건물 바깥의 외장재를 곡면 형태로 덧대어 쌓는 식으로 곡면을 구현했다. 그러니 공간이 원래 존재하는 형태랑 전혀 상관없는 껍데기를 두르고 있는 셈이다. 어떤 자연계에서도 그것의 기능적인 본질과 전혀 상관없는 외형을 띠고 있는 경우는 없고, 단순히 미학적으로 아름다운 것이라도 그 근원에는 그 형태가 가져다주는 유용함이 있다. 그런데 DDP는 기본적인 내부의 유용함과는 전혀 동떨어진 외형을 갖고 있다. 그렇게 DDP는 건축물이 아닌 조각품에 가까운 건물이 되었고, 겉으로 보이는 건물의 부피에 비해 터무니없이 좁은 내부 공간을 갖게 되었다. 그러니 DDP에 구현된 자하 하디드의 해체주의적 외관과 별개로, 이 프로젝트는 기껏 세계적인 건축가에게 설계를 의뢰한 의미와 가치가 제대로 드러나지 않는 결과물이 되었다.

자국 콘텐츠이기에 가능한 경쟁력

DDP는 예산 규모가 5,000억 원에 달하는 공공건축 프로젝트였다. 건축사들이 가장 좋아하는 건물이 바로 목적이 없는 건물이다. 처음부터 공연장이나 스타디움으로 써야 하는 공간이라면 그 기능을 위해 반드시 갖춰야 하는 설비가 있어야 하지만, 그런 것이 없다면 정말로 건축가들이 생각하는 아름다움을 위해 존재하는 건물로 설계할 수 있기 때문이다. 그리고 이런 대규모 공공건축 프로젝트를 한국의 건축가들이 해볼 기회란 정말로 드물다. 그렇기에 한국의 인문지리적 역사가 결부된 이런 프로젝트마저 국내 건축가에게 맡기지 않으면, 한국 건축가들은 과연 어디에서 대형 건축 프로젝트의 경력을 쌓고, 수주 능력과 포트폴리오를 증명할 수 있을 것인지에 대한 의문 역시 당시 건축계에 일었던 것이다.

물론 세계적으로 보았을 때 우리나라 건축가의 수준과 역량이 세계적인 건축가들에 못 미칠 수도 있다. 한국 영화가 미국 할리우드 영화와 1:1로 맞붙었을 때 제작비 규모나 완성도 면에서 이기기 어려운 것처럼 말이다. 그럼에도 한국 영화가 한국 시장 안에서 특별한 의미와 점유율을 가질 수 있는 것은 한국 대중의 정서를 잘 알고, 그를 기반으로 콘텐츠 기획을 짤 수 있는 힘을 가지고 있기 때문이다. 그리고 대개 그런 일들은 한국의 창작자만이 할 수 있는 일이다. 그리고 그런 역량들이 모이다 보면 칸 영화제 황금종려상과 아카데미 작품상을 수상한 〈기생충〉(2019) 같은 세계적인 성취로 이어지기도 하는 것이다.

이처럼 절대적인 비교에서는 자국의 콘텐츠가 경쟁력이 약한 경우라 하더라도, 자국에서 생산된 콘텐츠가 가질 수 있는 경쟁력과 가치는 분명히 존재한다. 인종이나 문화와 상관없이 세계 공통으로 뛰어난 이야기들도 분명 존재할 수 있지만, 인종과 문화와 연결되어 존재하는 이야기들도 존재하고, 그런 것들은 주로 그 지역과 국가의 문화를 잘 아는 사람들이 좀 더 잘 만들 수 있다. 따라서 자국의 콘텐츠나 기술력이 세계적인 수준에 이를 때까지 보호하고 육성하고 지원하는 일은 꼭 필요하다. 이는 건축의 경우도 마찬가지다. 한국의 건축가에게는 지금보다 더 많은 대형 건축 프로젝트의 기회가 주어질 필요가 있다.

그렇게 국내의 유능한 건축가에게 프로젝트 수주의 기회가 주어질 경우, 그가 현장을 직접 시찰해 그로부터 얻은 여러 정보들을 설계에 반영할 수 있는 여지도 커질 것이다. 나아가 앞서 언급한 콘셉트 설계와 기본 설계, 실시 설계의 경계를 무너뜨려 공간 기획의 콘셉트가 각 설계 단계에 좀 더 유기적으로 반영되는 방향 또한, 콘셉트 설계를 외국의 유명 건축가에게 맡기는 것보다는 한국의 건축가에게 맡겼을 때 그 실현 가능성이 더 높아질 것이다. 이렇듯 좋은 건축물이 만들어지기 위해서라도 국내 건축가에게 콘셉트 설계를 맡기는 사례가 지금보다는 더 늘어나야 한다.

공간의 경계 지우기에 실패한 서울로7017

서울로7017도 비슷한 경우다. 서울로 7017의 설계 원안은 네덜란드 건축·도시설계사무소 MVRDV의 위니 마스(Winy Mass)가 맡았고, 뉴욕에 있는 '하이라인(Highline) 파크'의 수목이 우거진 고가로의 형태를 따왔다. 따라서 원안은 고가도로의 콘크리트 구조물과 거기에 배치된 식물이 지금보다 경계가 흐린 형태의 설계였다. 그런데 그 식물들을 동그란 화단 안에 몰아넣는 것으로 계획이 수정되면서 모든 것이 망가졌다.

앞에서 말했듯 화분을 아무리 예쁘게 만들어도 화분 안에 자연이 갇히는 순간 그 공간은 부자연스러워진다. 만약 서울역 고가도로의 콘크리트 구조물이 식물과 흙의 하중을 받칠 수 없는 상태였다면, 콘셉트 설계의 원안을 아예 근본부터 다시 생각했어야 한다.

설령 식물을 내세운 콘셉트를 유지하는 것을 전제로 구조물의 한계를 고려해 화단을 짓기로 했더라도 최대한 자연의 모습을 담은 모습으로 조성했다면 훨씬 좋은 결과를 얻었을 것이다. 예를 들어, 경계를 단층으로 동그랗게 설정하기보다 단을 나누어 수목 공간을 층층으로 구성하고 마치 계단식 논처럼 연출하는 식으로 콘크리트와 식물의 경계를 최대한 흐릿하게 만들었다면, 지금보다는 한층 자연스런 공간이 되었을 것이다. 그런데 수정된 콘셉트 설계는 그저 동그랗게 화단을 만들어 거기에 식물을 집어넣는 식이 되었고, 실제로 서울로7017에 올라가보면 어쩔 수 없이 부자연스럽다는 느낌을 받게 된다.

결국 해외의 유명 건축가에게 공공건축 프로젝트의 콘셉트 설계를 맡기는 관행은 기존 건축물 요소들의 경계를 지우는 데 실패했고, 그 공간이 끝내 부자연스럽게 연출되는 결과를 낳는 데 일조했다.

인공 구조물과 자연의 경계를 허무는 데 실패한 '서울로7017'(위)의 모습. 원안 설계의 모델이었던 '하이라인 파크'(아래)와 비교하면 그 차이가 확연하게 다가온다. **사진** | 서울로7017

아날로그와 디지털의 경계 지우기

끝으로 경계 지우기의 법칙은 자연물과 인공물의 경계 외에 인간이 인지하는 다양한 공간 경험에도 적용해볼 수 있다. 자연스럽다는 느낌은 앞서 말했듯 진짜 자연물보다는 인공물에 통용되는 개념이고, 그랬을 때 인공물과 인공물 사이의 경계를 지우는 것 또한 공간을 자연스럽게 연출하는 중요한 팁이 될 수 있기 때문이다.

그런 점에서 예로 들 수 있는 것이 최근 유행하는 3D 영상이다. 스크린 속에 마치 어떤 물체가 3차원 입체로 움직이는 것처럼 구현하는 방식이다. 이렇게 구현된 오브제는 영상이 아니라 공간 연출에 가까운데, 대표적인 예가 '아르떼뮤지엄'이다. 2020년 삼성역 아르떼뮤지엄의 외관에 3차원 영상으로 구현된 파도치는 공간은 단번에 사람들의 눈길을 사로잡았다. 2차원 전광판을 3차원 공간으로 바꾼 이곳의 〈웨이브〉는 큰 이슈가 되었고, 이후 그 유행을 따라 스크린에 3차원 호랑이를 구현하는 등 3D 영상을 활용한 다른 공간 디자인의 예들이 많아졌다.

그런데 이런 형태의 미디어 아트가 우후죽순 생기면서 처음에 본 충격과 신선함이 점점 떨어지는 문제가 발생했다. 처음 봐서 신기한 것 다음의 무언가가 있어야 하는데, 그것이 뒷받침되지 못하는 것이다. 물론 3D 영상을 입체 안경을 보지 않고도 구현한 기술의 발전은 흥미롭지만, 마치 과거에 착시 미술관이나 매직아이가 한국에 처음 들어왔을 때처럼, 단순히 시각적인 신기함에만 머무르는 이상 결국은 휘발성이 강한 콘텐츠로 남게 되기 때문이다.

만족도를 높이는 기술과 콘텐츠의 결합

초창기의 영화를 예로 들어보자. 뤼미에르 형제가 1895년 처음 상영한 상업 영화가 〈리옹의 뤼미에르 공장을 떠나는 노동자들(La Sortie de l'Usine Lumière à Lyon)〉이었고, 이듬해 상영된 영화가 〈열차의 도착(L'Arrivée d'un train en gare de La Ciotat)〉, 즉 달리는 기차를 찍은 영상이었다. 처음에 사람들은 이 몇 십 초짜리 짧은 영상을 그저 신기하다는 이유로 돈을 주고 관람했다. 하지만 얼마 가지 못해 그런 영상만으로는 돈을 지불하지 않는 시기가 찾아왔다. 신기한 건 한두 번이고 다음부터는 그 영상에 뭔가 스토리를 담고 콘텐츠를 담지 않으면 살아남지 못한다. 그런 점에서 최근에 유행하는 3D 전시는 아직 시각적인 신기함에만 의존하는 경향이 있고, 그것이 신기함에서 콘텐츠에 녹아드는 형태로 승화되려면 이전과는 다른 방향의 노력이 필요하다. 특히 상업 공간을 기획하거나 컨설팅할 때 핵심 콘텐츠로 3D 영상 체험센터 등을 넣는 것이 유행하고 있는데, 그 유행은 현재의 추세대로라면 오래 가기 힘들 것이다.

그렇다면 이런 3D 영상 기술이 콘텐츠의 내용에 효과적으로 녹아든 사례로는 어떤 공간이 있을까? 바로 '유니버설스튜디오'나 '디즈니랜드' 등 어트랙션이 있는 테마파크가 좋은 예이다. 사실 3D 영상이 가장 먼저 상용화된 분야가 바로 테마파크였다. 과거 이른바 '4D 체험관'이 반짝 인기를 누렸던 적이 있다. 테마파크 입장에서 이러한 3D 영상을 응용한 어트랙션을 활발히 들여왔던 이유는 물리적으로 시설들을 하나하나 만드는 것에 비해 실로 엄청난 제작비가 절감되었기 때문이다. 그런 까닭에 3D 영상을 기본으로 한 어트랙션들이 한때 어마어마하게 쏟아져 나왔는데, 그걸 경험한 이용객들의 반응은 처음 한두 번은 신선했어도 몇 번 타보면 금방 질린다는 평이 많았다. 3D 영상을 통해 구현된 콘텐츠가 '해리 포터'에서 '스파이더맨'으로 바뀌어도 그 구현 방식 자체에 사람들이 쉽게 질려버리곤 했고, 당연히 만족도도 낮아졌던 것이다.

그렇다고 그들이 3D 영상을 완전히 포기했는가 하면 그렇지는 않다. 사실 과거의 테마파크는 그 모든 것들을 물리적으로 구현하는 식으로 어트랙션을 만들었다. 에버랜드의 '지구마을(1983~2013)', 롯데월드의 '환타지 드림(1995~)'이나 '혜성특급(1995~)'

등도 실제로 하나하나 다 기구를 만들어 어트랙션을 구현했다. 거기에 유니버셜스튜디오와 디즈니랜드는 그런 실제 기구와 3D 영상을 접목하는 방식을 도입했다. 즉, 영상 콘텐츠를 실제로 움직이는 어트랙션이나 아날로그 오브제랑 같이 결합하여 어디까지가 아날로그고 어디까지가 디지털인지 구분되지 않게끔 만들어 새로운 현장감과 몰입감을 선사한 것이다.

가령 '쥬라기 월드' 어트랙션을 보면, 탑승할 때 배를 타고 가는데 그 배는 당연히 실제로 제작된 배이고, 그 옆으로 흐르는 물 또한 진짜 물이다. 그런데 공룡이 나타나는 정면과 양 옆의 영역은 〈쥬라기 월드〉(2015) 영화에 나오는 엄청나게 큰 공룡을 3D 영상으로 구현해놓았다. 그 앞에 공룡이 갇혀 있는 케이지 또한 진짜로 구현하고, 그 너머에 있는 공간은 영상으로 만들었는데, 만약 그 케이지까지 영상으로 만들었다면 그만한 리얼리티가 만들어지지 않았을 것이다. 그러면서 3D 영상으로 구현된 공룡이 몸을 틀면 진짜 물이 튀게 만들고, 영상과 영상 사이로 공룡이 움직일 때 이용객에게 마치 그 아래의 수중 공간이 있는 것처럼 상상하게 만들어서, 마치 실제 공룡이 움직이는 것 같은 현장감을 선사한다. 이는 아날로그와 디지털의 경계를 어떻게 접목시킬 때 그걸 보는 고객의 만족도가 최적으로 올라가는지를 영리하게 계산한 결과다.

또 다른 어트랙션인 '해리 포터 앤 더 포비든 저니(Harry Potter and the Forbidden Journey)'의 경우도 마찬가지다. 고정된 채 앉아서 영상을 보는 게 아니고, 기구를 타면 그 기구가 돌기 시작한다. 물론 롤러코스터처럼 빠른 건 아니지만, 일단 사람이 올라탄 기구가 움직이면서 탑승자 앞에 3D 입체 영상이 뜬다. 그런 방식으로 영화 속 빗자루를 타고 날아다니는 경기인 '퀴디치(Quidditch)'에 참가한 듯한 느낌을 주는 것이다. 그러면서 사방의 3D 영상들이 기구를 탄 나를 따라다니면서 움직인다. 즉, 탑승자를 진짜 롤러코스터에 태우고는 롤러코스터를 탔을 때 양옆에 보이는 광경을 3D 영상으로 구현한 것이다. 거기서 느끼는 현장감은 아날로그의 기구들과 디지털의 3D 입체 영상의 경계가 지워진 형태로 구현되었기에 가능한 것이다. 앞으로 3D 입체 영상이 사람들을 계속 매료시키기 위해서는 그런 다른 요소들과의 결합과 경계 지우기가 시도되어야 하지 않을까 싶다.

이처럼 무언가의 경계를 지운다는 것, 즉 자연과 인공의 경계, 각 설계 단계와 시공 과정의 경계, 아날로그와 디지털의 경계를 지운다는 것에는 그 공간을 체험하는 사람들로 하여금 그곳을 얼마나 더 자연스럽고 유기적인 흐름으로 느끼게 할 것인지에 대한 사활이 걸려 있다. 원래 따로 분리되어 있는 듯 자명해 보이던 공간적 요소들의 경계가 지워질 때 그 공간은 새로운 숨결을 얻는다. 그리고 그 원리는 우리가 이미 널리 경험하고 만끽하였던 자연과 자연을 닮은 공간 가운데 이미 배어 있는 것이다.

Chapter 6

세계관 구현의 법칙

끝까지 밀어붙인 공간이 경쟁력을 갖는다

짧은 시간 머무는 공간에 필요한 기획

지금까지 오프라인 상업 공간에 필요한 경쟁력에 관해 다각도로 이야기했다. 이런 이야기를 굳이 하는 이유는 다른 용도의 오프라인 공간과는 확연히 구별되는, 상업 공간의 기능과 역할에 특화된 공간 기획과 브랜드 전략이 필요하기 때문이다. 2장에서 잠깐 얘기했지만, 상업 공간은 다른 공간에 비해 이용객이 머무는 시간이 월등히 짧다. 따라서 상업 공간을 기획할 때도 체류 시간이 짧다는 것을 전제로, 그 시간 안에서 승부를 볼 공간 기획의 포인트를 반드시 염두에 두어야 한다.

오프라인 공간의 체류 시간 양극화

오프라인 공간에서 이용객들이 체류하는 시간은 용도에 따라 극도로 양극화되어 있다. 공간의 수와 그곳을 이용하는 사람들의 체류 시간 분포를 생각했을 때, 한 시간 머무는 공간과 하루 머무는 공간, 일주일 머무는 공간과 한 달 머무는 공간, 일 년에서 10년 이상 머무는 공간들이 고루 분포해 있는 것이 아니라, 한 시간에서 하루 머무는 공간, 그리고 일 년에서 10년 이상 머무는 공간들이 양쪽으로 압도적으로 많이 분포되어 있고, 그 중간에 해당하는 경우는 비어 있다. 여기서 전자는 주로 상업 공간, 후자는 주거 공간과 오피스 공간으로 대개 그 용도가 나뉜다.

가령 이용객이 애초에 한 달 정도 머물게끔 설계된 상업 공간은 거의 존재하지 않는다. 요즘 유행하는 해외에서 한 달 살기 같은 경우에도, 한 달 동안 한 숙소에 머물기보다는 한 숙소에 일주일 머물다가 다른 숙소로 옮기면서 머무는 경우가 많다. 나아가 그렇게 대여된 집들조차도 처음부터 한 달 사는 목적으로 만들어진 곳이 아니라 애초에 주거 공간으로 만들어진 집들을 민박 형태로 빌려주는 곳들이 대부분이다.

그랬을 때 그 공간을 설계하고 만드는 제작자가 그 공간을 고민하는 시간은 대개 하루보다는 길고 일 년보다는 짧은 경우가 대부분이다. 가령 어떤 건축가가 한 공간을 한 달에 걸쳐 콘셉트를 기획하고 설계했다면, 그 공간이 상업 공간인 경우 그곳을 이용하는 사람들은 그 공간에 한 달씩 머물지 않고, 길어야 하루 이틀 머무는 것이 고작이다. 반면에 그 공간이 주거 공간이나 오피스 공간일 경우, 거기에 머무는 사람들은 대부분 건축가가 그 집을 고민한 기간보다 압도적으로 긴 시간을 거기에 머물게 된다. 즉, 어떤 건축가가 6개월에 걸쳐 그곳을 설계했다면, 그곳에 입주한 이용자들은 그 공간에 5~10년간 이용하는 식이다.

그러다 보니 주거 공간이나 오피스 공간의 경우, 이용자가 그곳에 오래 머물다 보면 제작자가 공간을 만들 때 미처 신경 쓰지 못한 부분에서 문제가 발생하기 마련이다. 오래 살다 보니 체감하게 되는 디테일한 부분을 제작자가 미처 고민하지 못하는 경우가 발생하고, 보자마자 뭔가 이상한 점이 발견되는 경우는 드물게 나타나는 것이다.

상업 공간의 경우는 그와 완전히 반대다. 공간을 만드는 사람 입장에서는 그 공간에 대해 몇 날 며칠을 고민하게 되고, 그렇게 오래 그 공간을 들여다보게 되니 어떤 임팩트를 주는 공간의 요소가 자기 눈에는 너무 자극적이고 과한 것처럼 보이게 되는 것이다. 나아가 공간 기획자가 나름대로 그 공간에 부여하고자 한 어떤 디테일이 실제로 구현되더라도 나중에 찾아온 이용객들에게는 그 디테일이 보이지 않는 경우가 많다. 왜냐하면 상업 공간의 이용객들은 공간 제작자들이 그 공간을 고민한 시간에 비해 압도적으로 짧은 동안만 그곳에 머물다 가기 때문이다. 즉, 짧게 머무는 만큼 그 공간을 이용하는 사람들이 그 짧은 시간 동안 어떤 임팩트를 받고 나갈 수 있어야 하는데, 공간을 몇 달간 구상한 공간 기획자들의 눈에 자연스럽게 느껴지는 어떤 오브제를 그곳에 배치했을 때,

실제 이용객들의 눈에는 그저 그런 무색무취의 공간이 나올 가능성이 높은 것이다.

처음 오는 사람에게 적절한 자극의 함량

간단히 말해, 주거 공간이나 오피스 공간들에서 발생하는 문제는 거기에 사는 이용자들의 니즈를 공간 제작자가 미처 파악하지 못해 생기는 것들이 많다면, 상업 공간은 반대로 공간 제작자들의 입장에서 너무 과한 것 같은 느낌을 모두 삭제해버린 나머지 짧은 시간을 머무는 이용객들에게 별다른 임팩트를 주지 못하는 경우가 많다. 이를 테면 원더가 될 오브제가 몇 날 며칠을 고민한 공간 기획자의 눈에는 너무 과하게 보일 수 있지만, 그 공간을 짧게 다녀가는 이용객들 입장에서는 적정한 수준의 자극과 임팩트일 수 있는 것이다.

　무엇이든 과하면 좋을 것이 없겠지만, 그 과함을 판단하는 기준은 공간 기획자가 아니라 그 공간을 실제로 사용하는 사람의 입장이 되어야 한다. 공간 기획자의 눈에는 과도해 보이고 질릴 것 같은 공간이라도, 그것이 처음 그 공간에 들어온 고객들에게는 적절한 임팩트를 준다면 그 공간은 과한 것이 아니라 역설적으로 상업 공간의 용도에 적절한 곳이 된다.

　실제로 어떤 상업 공간을 처음 방문했을 때의 느낌은 상업 공간 기획에서 아주 중요한 요소다. 상업 공간의 경우 그 공간에 오는 사람들 대부분이 여기에 처음 오는 사람들이고, 그들이 느끼는 인상이 곧 이 상업 공간이 주는 인상의 기준이 되기 때문이다. 그 공간을 처음 방문했을 때 느끼는 감정들은 기억을 지우지 않는 이상 그 느낌을 다시 느끼는 것이 불가능하다. 따라서 그 공간이 좋은 환경일 때를 노려 처음 봤을 때의 느낌을 간직하는 것은 공간 기획에 있어 매우 중요한 팁이다.

보통 부동산 임장(臨場)을 갈 때, 즉 건물을 처음 보러 갈 때 그 부동산을 구입하려는 목적일 때는 날씨가 좋지 않은 날에 가고, 어떤 건물을 짓기 전 그 부지를 처음 볼 때는 최적의 날씨일 때 방문한다. 부동산을 구매할 때 일부러 날씨가 좋지 않을 때 가는 이유는 날씨가 을씨년스럽고 분위기가 안 좋을 때라도 그 부동산과 공간이 매력이 있다면 정말로 살 만한 가치가 있기 때문이다. 반대로 건물을 짓는 입장에서 시간을 넉넉히 두고 그 공간이 가지고 있는 최고의 컨디션을 첫인상으로 담아두는 것이 중요한 이유는, 그때 받은 인상을 통해 그 공간을 기획하고 시공할 때 어떤 점들을 유의하여 실제 공간 제작에 반영할지를 결정하는 것이 중요하기 때문이다.

특히 상업 공간의 경우, 그 공간에 10~20번 오는 사람을 노린 공간이 아니라 그 공간에 처음 온 사람들을 위해 만들어지는 공간에 가깝다. 물론 단골이 생기면 좋겠지만, 그 단골조차도 일단은 이 공간에 처음 오는 사람들이다. 그런 점에서 상업 공간은 주거 공간과 다르다. 집은 처음 방문하는 사람들을 위한 공간이 아니라 거길 계속 쓰는 사람을 위한 공간인 반면, 상업 공간은 무조건 처음 방문하는 사람들을 위한 공간이어야 한다. 그랬을 때 그 공간에 처음 갔을 때의 느낌이 어떤지는 상업 공간 기획에서 매우 중요한 정보일 수밖에 없다. 그 느낌은 이후에 두 번, 세 번 갔을 때 다시 받을 수가 없기 때문이다.

그렇기 때문에 이용객들이 그 공간을 처음 대할 때의 느낌은 설계도면을 계속 보고 있는 공간 제작자가 좀처럼 체감하기 어려운 경우가 많다. 따라서 공간 제작자 나름대로 자신이 표현하고 싶은 테마나 주제의식이 있어서 그걸 구현했다 하더라도 상업 공간을 처음 방문하는 이용객들에게는 그 훅이 제대로 닿지 않는, 고객들의 역치를 건드리는 데 실패한 채로 끝나는 공간들이 생기는 것이다. 그때에 미달되는 것은 자극의 수준이 아니라 자극의 함량인 셈이다. 따라서 공간 제작자들 입장에서 과한 공간이, 역으로 그 역치에 도달하는 데 성공하는 공간일 가능성이 생기는 것이다.

그런 까닭에 상업 공간은 본질적으로 인스턴트한 공간일 수밖에 없다. 이곳에 들르는 이용객들이 그야말로 인스턴트하게 머물다 가기 때문이다. 흔히 인스턴트한 것이 나쁘다고 생각하는 경우들이 있는데, 애당초 인스턴트하게 소비되는 공간이라면 그 목적에 맞도록 인스턴트한 공간으로 만드는 것이 보다 합리적이고 합목적적이며, 공간의 목적에 맞는 수단을 구사하는 셈이다. 그렇지 않으면 결국 별다른 개성도 없고 특색도 없는 비슷비슷한 상업 공간이 만들어지게 된다.

결과적으로 상업 공간의 경우는 공간 제작자의 입장에서 다소 과하게 느껴지는 공간이 오히려 성공을 거둘 확률이 높다. 그때의 과함은 정작 그 공간에 처음 들르는 이용객들에게는 적절한 자극과 임팩트로 남을 가능성이 높기 때문이다. 그런 의미에서 모든 공간이 퍼페추얼(perpetual) 할, 영구적이어야 할 필요는 없다. 짧게 머무는 사람들이 느껴야 할 감정들을 기획자의 입장에선 이미 넘쳐서 느껴버린 까닭에 그 기획자의 입맛에는 맞되 이용객들의 역치를 넘기는 못하는 수준으로 상업 공간이 기획된다면, 결국 그 공간은 밋밋한 곳으로 남을 수밖에 없다.

선택한 콘셉트는 끝까지 밀어붙인다

다시 말하지만, 이용객들의 체류 시간이 짧고 이로 인해 자극의 역치가 높은 상업 공간의 경우, 다소 과하게 느껴지는 수준으로 공간이 기획되어야 한다. 따라서 공간을 기획할 때 어떤 콘셉트를 정했다면, 그것을 할 수 있는 한 최대한도로 밀어붙이는 것이 필요하다. 공간의 콘셉트가 맥시멀이든 미니멀이든, 맥시멀하게 공간을 채울 거라면 극단적으로 맥시멀해야 하고, 미니멀하게 갈 거면 극단적으로 미니멀해야 한다. 그리고 그 기준은 앞서 말했듯 공간 기획자나 제작자가 아닌 이용객의 입장에서 정해져야 한다.

최대한 미니멀하게, 최대한 맥시멀하게

어떤 공간을 미니멀하게 꾸미고 싶을 때, 보통은 미니멀하게 흰색 타일 깔고 흰색으로 도장하고 흰색 테이블과 흰색 의자까지 맞추고는 다 흰색이니까 미니멀하다며 만족하곤 한다. 그러나 그 정도로는 전혀 미니멀하지 않다. 색깔을 흰색으로 통일시킨 것 말고는 하나도 미니멀할 것이 없기 때문이다. 진짜 미니멀하려면 최소한 바닥재와 벽면 마감재를 다 동일하게 만들어서 바닥에서 벽면까지 하나로 연결되게끔 하는 정도로는 구현해야 한다. 바닥과 벽면과 천장이 다 각기 다른 소재여야 한다는 법은 없기 때문에 만약 타일을 깐다면 그걸로 모든 면을 다 깔 수 있고, 콘크리트 미장 위에 에폭시(epoxy)를 바른다면 그걸로 전체를 다 두를 수도 있다. 그렇게 바닥, 천장, 벽이 다 하나의 소재에, 별도의 의자나 테이블도 없이 바닥과 벽의 공간이 튀어나온 형태로 가구 모양을 만들 수도 있을 것이다. 그렇게 되면 벽과 바닥과 천장과 가구가 모두 하나의 소재로 이루어진, 정말로 미니멀한 공간이 나올 수 있다.

상업 공간의 경우 그 정도로 미니멀해야만 처음 들르는 고객들이 '아, 이 공간은 미니멀하구나'라고 인식하게 된다. 단순히 색깔을 통일하는 것 정도는 집에서도 얼마든지 할 수 있고, 그 정도로는 다른 상업 공간과 차별점이 생기기 어렵다. 아예 소재와 매스를 극단적으로 줄이면, 가령 바닥에 의자가 붙어 있고 벽면에 테이블이 붙어 있고 벽면과 바닥의 마감이 하나인 정도가 되면 그제야 사람들은 그 공간을 신선하게 여기고, 그곳을 미니멀하고 힙하다고 여길 것이다. 그런 공간을 평소에 많이 접해 보지는 못했을 것이기 때문이다. 그런 미니멀한 공간을 잘 만드는 곳으로는 국내 공간 디자인 스튜디오인 '더 퍼스트 펭귄(The First Penguin)'이라는 곳이 있다. 이렇듯 나의 취향이 어떤 것이고, 내가 구현하고 싶은 공간의 콘셉트에 가장 최적화된 방향이 무엇인지를 파악한 다음에, 그걸 끝까지 밀어붙이는 것이 상업 공간의 기획에서는 중요하다.

　반대로 맥시멀한 공간 기획의 예로는 '런던 베이글 뮤지엄'을 들 수 있다. 그곳의 매장 내부는 정말 바늘 하나 꽂을 데 없이 소품들로 가득 채워져 있다. 물론 감각이 뛰어난 런던 베이글 뮤지엄 비주얼 디렉터의 명성대로, 그의 손을 거친 매장 내의 소품 배치는 아주 훌륭하고 아름답다. 그러다 보니 자연스레 이곳의 스타일을 따라 하는 매장들이 많이 생겼는데, 그런 곳들을 살펴보면 애당초 소품을 그렇게 빽빽이 배치하지 않은 경우들이 많다. 가령 런던 베이글 뮤지엄에 단위 면적당 소품이 30개가 놓였다면, 그걸 따라 한 매장 또한 적어도 30개를 놓은 다음에 그 소품들의 퀄리티나 만듦새를 두고 경쟁해야 되는데, 그게 아니라 한 10개쯤 놓고서는 많이 놨다고 생각하는 식이다. 그러고는 실제 런던 베이글 뮤지엄에 가서 예뻐 보였던 그 느낌이 자기 매장에서는 구현이 안 된다고 고민하는데, 그 이유는 바로 소품을 충분히 더 놓지 않았기 때문이다.

　공간을 만드는 사람 입장에서는 테이블 하나에 소품이 10개 올라가면 정신 사나울 수 있지만, 그 공간에 처음 들르는 손님들에게는 소품이 30개 정도는 놓여 있어야 이 공간이 맥시멀하다는 충분한 자극으로 가닿게 된다. 그 매장에 매일 앉아 있으면 정신 사나올 수 있지만, 그 공간에 처음 들어간 사람들은 새롭다는 느낌을 받게 되는 것이다. 그처럼 맥시멀한 방향을 정했다면 마찬가지로 그걸 끝까지 밀어붙이는 것이 상업 공간에서 중요하다.

극단적인 구상, 극단적인 추상

구상(具象)과 추상(抽象)의 경우도 마찬가지다. 글로우서울이 만들 었거나 만들고 있는 공간 중에는 매우 구상적인 공간과 매우 추상 적인 공간이 모두 존재하는데, 이제까지 유명세를 탄 공간은 주로 구상적인 공간들이다. 가령 '청수당'이나 '온천집' 같은 곳은 진짜 온천, 진짜 냇가를 최대한 실물처럼 구현하는 데 많은 노력을 기울 인, 매우 구상적이고 하이퍼리얼리즘적인 공간이다. 앞서 말했듯 온천집은 마치 실제 온천처럼 온천수와 증기가 나온다. 이처럼 구 상을 할 거면 진짜 극단적인 구상으로 갈 필요가 있다.

　청수당이 히트를 친 다음 이곳을 따라한 매장이 전국에 몇 백 개는 생긴 것으로 알고 있다. 건축과 인테리어에서 표절이 법적으 로 인정되는 사례가 적기 때문에 그렇게 디자인을 갖다 쓰는 관행 이 현재로서는 근절되기가 어려운데, 정작 그렇게 따라한 공간들 조차 대부분은 따라하다 만 곳들이고, 결국 청수당에 비해 성공하 지 못하는 공간으로 남는 경우들이 많다.

　청수당 입구는 대나무들이 더 심을 수 없을 만큼 빽빽하게 자 리잡고 있고, 거기에 날린 내나무 등의 개수는 무려 100개나 된다.

빽빽하게 심은 대나무가 이어지는 '청수당' 입구는 마치 새로운 세계로 들어가는 기분을 느끼게
한다. 이처럼 맥시멀한 콘셉트를 내세우려면 충분히 맥시멀해야 한다. **사진** | 글로우서울

실제로 살아 있는 대나무들과 물이 흐르는 개울은 '청수당'이라는 공간의 세계관을 완성한다. 마치 서울 도심지의 카페가 아니라 고즈넉한 숲속에 앉아 있는 듯한 평온한 단절감을 선사하는 것이다. 이처럼 구상적인 공간을 기획할 때는 이용객들이 이곳이 '진짜'라고 느낄 수 있도록 제대로 구현해야 한다. **사진 |** 글로우서울

이런 느낌을 정말 따라할 거면 극단적으로 따라 해야 되는데, 그냥 대나무 몇 주를 세우고 거기에 등 몇 개를 달아 놓은 식이다. 또 청수당의 아름다움 중 하나가 실제로 물이 흐르고 거기에 물고기들이 노니는 살아 있는 개천이 있다는 것인데, 그런 시냇물을 구현하기엔 공사도 힘들고 귀찮으니 비슷한 모양의 땅만 만들어 놓고, 테이블 사이로 흐르는 개울도 유지 관리하기 귀찮으니까 조화 몇 개를 갖다 놓는 식이다. 그런 공간은 제대로 따라 한 것조차 아닌 셈이 된다. 그처럼 어떤 공간의 콘셉트를 구상으로 잡았다면 그것을 극단적으로 밀어붙여야 한다.

반대로 추상적인 것으로 공간의 콘셉트를 잡는다면 어떨까? 추상은 미니멀과는 다른 의미로, 추상에서의 핵심은 그것이 구상적이지 않아야 한다는 것이다. 가령 글로우서울에서 선보인 상업 공간 중 '호우주의보'라는 카페 브랜드가 있다. 비 오는 날 마시는 커피가 가장 맛있다는 것을 콘셉트로 하여, 비 오는 날씨의 느낌을 추상적으로 구현하는 것을 목표로 잡은 매장이다.

비 오는 날을 추상적으로 표현하기로 마음먹었다면, 이를테면 다음과 같은 솔루션이 있을 수 있다. 구름을 표현하기 위해서 구름 모양을 구상적으로 그리는 것이 아니라, 먹구름을 표현하기 위해 천장을 흰색과 검정색의 그러데이션으로 표현할 수 있다. 비슷한 방식으로 비 오는 날에 느낄 수 있는 어딘가 멜랑콜리하고 글루미한 분위기를 추상적인 여러 문법을 통해 구현할 수 있다.

그런데 그렇게 구현한 공간의 벽면에 실제 구름이 찍힌 사진, 혹은 소나기를 몰고 오는 적란운(積亂雲)을 구상적으로 그린 그림

REPORT RAIN REPORT RAIN REPORT RAIN REPORT RAIN REP

카페 '호우주의보'는 비 오는 날을 추상적으로 구현한 공간으로, 이를 위해 구성적인 요소를 철저히 배제하고 추상적인 문법만을 사용하여 공간을 창조해냈다. 공간의 콘셉트로서 추상이 좀 더 어려운 것은 조금이라도 구상적인 요소가 추가되는 순간 방향성을 쉽게 잃기 때문이다.

사진 | 글로우서울

을 걸어 놓는 순간, 그 공간 안에 있는 모든 추상적인 요소들은 그 구상적인 것들에 잡아먹히는 결과를 낳는다. 그때부터 흰색과 검정색으로 그러데이션이 들어간 천장은, 어떤 의도가 있는 연출이 아니라 그저 얼룩덜룩한 것으로만 보이게 된다. 마찬가지로 구름 모양의 등이 달려 있거나 구름 모양 케이크가 서브된다면, 그 순간 이 매장에서 추상의 방향성은 길을 잃게 된다.

한 공간의 일관성이 중요한 이유

미니멀과 맥시멀, 구상과 추상이 서로 대척적인 성향이 있다고 했을 때, 그 각각의 요소들은 방향이 있는 벡터(vector)이지 스칼라(scalar) 값이 아니다. 스칼라는 방향 없이 그냥 숫자로만 존재하는 값이고, 따라서 100그램과 200그램이 있으면 합쳐서 300그램이 되는 성질을 갖는다. 그런데 벡터는 방향이 존재하는 힘이어서 10뉴턴(newton)의 힘과 10뉴턴의 힘이 있어도 그게 합쳐져 20뉴턴이 된다는 보장이 없다. 왜냐면 한 물건을 들고 좌우에서 동시에 10뉴턴으로 당기면 그 물건에 걸리는 힘은 0뉴턴이 되기 때문이다.

　마찬가지로 한 공간을 꾸밈에 있어서 공간의 절반을 구상적인 걸로 만들고, 절반을 추상적인 걸로 만든다면, 추상적인 반절은 아무런 힘을 발휘하지 못한다. 공간의 절반을 맥시멀하게 만들고 절반을 미니멀하게 만든 경우도 마찬가지다. 그럴 때 그곳에 들른 이용객들은 미니멀하거나 추상적인 공간을 보고도 놓을 소품이 모자랐거나 공간 만들 때 돈이 모자라서 하다 말았나 하는 느낌을 받게 될 뿐, 그것이 미니멀과 추상의 의도라고는 읽지 못한다.

한 공간의 절반을 구상적인 것으로, 절반을 추상적인 것으로 만드는 것은 한 캔버스에 구상화와 추상화를 절반씩 그리는 것과 같다. 어떤 화가가 특정 의도를 가지고 이런 작품을 만들 수는 있겠지만, 대부분 맥시멀한 것과 미니멀한 것이 같이 있으면 맥시멀한 인상이 강하고 구상과 추상이 함께 있으면 구상으로 읽을 가능성이 높다. 한 그림에서 절반을 구상적으로 그리고 절반을 추상적으로 그렸다면, 반절의 추상을 보고 구상적인 이미지를 상상하는 사람은 거의 없다. 구상적으로 구현한 반절을 먼저 보고 나머지 추상을 구상으로 연결하게 되고, 그렇게 되면 그 추상에 무슨 의미를 담든 추상으로 구현된 이미지는 보이지 않거나, 보이더라도 하다 만 듯하게 보이는 효과를 낳는다. 따라서 추상과 미니멀을 구사할 때는 그런 점에 주의해야 한다. 구상과 맥시멀은 검은 물감에 가까워서, 섞이는 순간 모든 것이 까맣게 되어버리기 때문이다.

이런 원칙들이 쉽게 간과되는 이유는 공간은 그림에 비해 많은 여백과 요소들이 있기 때문에 채워야 할 도화지가 상대적으로 커 보이기 때문이다. 그러다 보니 전체 공간의 방향이 일관되지 못하고 자꾸 흔들리게 되는 경향이 있다. 하지만 상업 공간이 그곳을 찾는 사람들에게 짧은 시간 안에 의도한 콘셉트를 효과적으로 전달하기 위해서는 그런 일관성이 중요하다. 그 콘셉트의 내용과 방향을 전달하기 위해, 공간 기획자의 입장에서 다소 극단적인 수준으로까지 콘셉트를 밀어붙여야 하는 까닭이 거기에 있다.

단순한 소재의 반복과 공간의 브랜딩

콘셉트의 내용과 방향을 이용객들에게 전달하기 위해 선택한 콘셉트의 방향을 극단적으로 밀어붙여야 한다는 점을 잘 이해했을 것이다. 그렇기에 어떤 상업 공간의 콘셉트가 정해졌을 때 콘셉트를 상징하는 오브제가 다소 과할 정도로 자주 반복되는 것이 그 콘셉트를 사람들에게 각인시키는 데에 유리하다. 가령 플랜테리어가 콘셉트인 매장이 있고, 매장 안을 푸릇푸릇하게 살아 있는 식물들로 채워 생동감이 가득한 곳으로 구현하고 싶다고 했을 때, 화분을 세 개 정도 사서 매장 입구에 놓는다면 손님들은 그 매장에 화분이 있었는지조차 기억하지 못할 것이다. 그 공간이 만약 내 집이면 같은 자리에 있는 식물을 며칠씩 계속 보니까 존재감이 더 강하게 느껴지겠지만, 상업 공간에 한두 시간 들르는 고객들이 화분의 존재를 유의미한 오브제로 알아차리기란 사실상 불가능하다. 따라서 식물의 푸름이 매장의 무드를 좌우하기를 바란다면, 아예 화원을 조성할 만큼 식물로 덮듯이 꾸며야만 이 공간의 콘셉트가 식물이라는 걸 사람들이 알아챌 수 있다. 거듭 반복하지만, 공간을 만드는 사람이 아니라 그곳에 잠깐 들르는 사람 입장에서 콘셉트가 먹혀들 정도의 반복이 필요한 까닭이 이와 같다.

단순하고 추상적일수록 필요한 무한 반복

이것은 특히 공간 디자인 비전공자로서 전공자들과 수없이 작업하면서 체득한 것이다. 쉽게 빠지기 쉬운 착각 가운데 하나가 자신이 만든 조그만 디테일을 고객들이 알아줄 것으로 생각하는 것이다. 가령 향초를 놓아서 어떤 공간을 편안하고 아늑한 무드로 만들고 싶다면, 적어도 20~30개는 켜놔야 그런 무드가 와닿게 된다. 물론 집에서 향초를 20~30개씩 켜놓는 사람은 없을 것이다. 하지만 상업 공간인 경우 이야기는 달라진다. 이렇듯 일반적인 공간의 디자인에 비해 상업 공간의 디자인은 근본적으로 다른 접근이 필요하다.

특히 이러한 오브제의 무한 반복은 중앙에 원더를 놓을 수 없는 공간의 경우, 나아가 공간의 콘셉트가 단순하고 추상적인 것일수록 더욱 필요해진다. 간단한 소품이나 장치일수록 매장의 모든 곳에 정말 지긋지긋하게끔 넣어야 사람들이 그 요소의 존재를 알아채기 때문이다. 그런 식으로 어떤 요소를 공간 전체에 스미게끔 만드는 전략이 필요하다. 가령 어떤 아이템으로 프랑스에 온 것 같은 분위기를 내고 싶다면, 프랑스 하면 떠오를 수많은 소품들과 오브제를 프랑스의 가정집을 그대로 떠온 듯이 놓는 것만으로는 부족하다. 왜냐하면 프랑스 집도 어차피 주거 공간이기 때문에 상업 공간에서는 그것보다 훨씬 더 과도하게 놓아져 있어야 사람들이 콘셉트를 인지할 것이기 때문이다.

한편, 프랑스의 분위기를 추상적으로 접근해서 프랑스 하면 떠오르는 하나의 오브제를 사용할 수도 있다. 가령 웨인스코팅(wainscoting), 즉 벽에 붙이는 사각 몰딩(molding) 같은 것을 공간의 콘셉트로 삼는다면 그 몰딩을 지겨울 정도로 매장 전체에 채워서 모든 벽면과 테이블과 의자에 두르는 방식을 생각해볼 수 있다.

그러한 공간 기획이 실현된 곳들 중 하나가 쿠마 켄고(隈研吾)가 설계한, 전 세계에서 가장 아름다운 스타벅스 매장 10선에 꼽힌 일본 후쿠오카 다자이후(太宰府) 텐만구(天滿宮) 오모테산도점(表參道店) 스타벅스다. 매장 내부를 전부 각목으로 꾸민 곳인데, 만약 디자이너가 각목으로 독특하고 인더스트리얼한 분위기를 내겠다고 마음먹고, 천장에 한 다섯 평 정도에만 각목 다발을 매달아 놓았다면, 사람들은 그것을 공사하다 만 것처럼 여겼을 수도 있다. 그런데 각목을 온 매장에 두르니 예술적인 공간으로 거듭나게 되었다. 그러니 단순한 오브제일수록 그것을 무한 반복하는 것이 중요하고, 그래야만 그것이 지닌 테마를 고객들이 알아챌 수 있다.

원더를 만드는 오브제의 반복은 종종 '너무 지나치다' 싶을 정도가 되어야 '적당하다'고 할 수 있다. 원더는 말 그대로 사람들의 눈을 사로잡는 것이 목적이기 때문에 일반적이고 무난한 수준으로는 목적을 달성할 수 없다. 쿠마 켄고는 각목이라는 단순한 오브제를 극단적으로 반복하여 공간을 하나의 예술품으로 탄생시켰다.

사진 | 스타벅스 다자이후 텐만구 오모테산도점

짧게 들렀다 가는 대중들은 상업 공간에서 작은 디테일들을 잘 알아채지 못하기 때문이다.

'과유불급'이 아니라 '다다익선'을 기준으로

사실 이런 전략들은 공간 기획이 아니라 일반적인 브랜드 마케팅에서는 너무나 오랜 기간 상식적으로 쓰이던 것이다. 가령 미국의 가방 및 잡화 브랜드 '샘소나이트(Samsonite)'에서 '버터(Butter)'라는 브랜드 라인을 런칭했을 때, 버터의 브랜드 컬러인 노란색을 모든 상품 관련 이미지에 끊임없이 반복해서 노출했다. 시그니처가 되는 브랜드의 색깔이나 로고가 한 번 결정되면, 그것이 온갖 곳에 다 노출되도록 반복해 사용하는 것이 브랜드 마케팅의 상식적인 문법이다. 이렇듯 시각적인 그래픽, 영상, 광고 영역의 고전적인 브랜딩의 관점에서 어떤 콘셉트를 무한 반복해 고객들에게 각인시키는 것은 굉장히 기본적이고 당연한 기술이다. 그런데 유독 공간을 기획하고 제작하는 쪽에서는 이러한 브랜드 마케팅의 요소가 고려되지 않는 경우가 많다.

공간 기획에서 시공간, 즉 그 공간에 머무는 시간의 요소를 고려해야 한다는 것도 따지고 보면 브랜드 마케팅에서는 너무나 상식적인 접근이다. 광고는 짧은 시간 안에 소비자들의 뇌리에 그 상품의 이미지를 남기는 것이 핵심이다. 그리고 그걸 위해 안배되는 TV 광고의 시간은 기껏해야 15~20초이고, 그 시간에 비싼 광고

비가 책정되는 만큼, 광고는 그 시간 제약을 염두에 두지 않을 도리가 없고, 그것이 하루에 몇 번 대중에게 노출될 것인지 등의 변수가 모두 광고비 지출과 연결된다.

생각해보면 상업 공간을 찾아오는 이용자들에게도 그런 시간 개념이 매우 중요하고, 그곳에 머무는 짧은 시간 동안 어떤 콘셉트와 임팩트를 심어주는 것이 필요한데, 상업 공간을 만드는 건축가에게 그런 시간 제약에 대한 개념이 숙지된 경우를 별로 본 적이 없다. 그러나 상업 공간의 기획과 제작은 짧은 시간 동안 노출되는 광고처럼 그곳에 머무는 사람들의 시간을 의식해야 한다. 고객들은 공간을 무한정 기다려주지 않기 때문이다.

이처럼 짧은 시간 안에 공간을 각인시켜야 한다는 이유로 요소를 무한 반복하는 것이 필요하다. 클라이언트에게 시공을 제외한 공간 설계를 의뢰받을 때, 렌더와 도면을 완벽하게 그려서 보내도 시공을 글로우서울이 직접 하지 않으면 결과물이 설계대로 잘 나오지 않는 경우가 종종 있다. 그중 대부분의 경우는 요소를 충분히 반복하지 않았기 때문이다. 대나무를 1,000주 정도는 심어야 한다고 했는데 실제로는 200주 정도 심어 놓고 왜 설계와 다르냐며 의문을 품는 경우도 있다. 공간 제작자의 입장에서 요소가 과도하게 반복되지 않을 경우 그 공간을 처음 본 사람들이 그곳의 콘셉트를 알아채기 힘들다는 것을 간과하여 나오게 된 결과다.

글로우서울에서 만든 매장들 중 창신동의 '우물집'이라는 공간이 있다. 글로우서울에서 만든 공간 중에서 단연 아름다운 공간인데, 그곳 마당의 20평쯤 되는 공간에는 평당 3개, 도합 60개의

사자성어 중에 '과유불급'이라는 말이 있다. 지나친 것은 부족한 것과 같다는 뜻인데, 상업 공간의 기획에 있어서만큼은 이 말이 적용되지 않는다. 공간의 콘셉트와 의도를 이용객에게 제대로 전달하기 위해서는 오히려 '다다익선'을 염두에 두어야 한다. '우물집' 역시 수십 개의 등을 달아 공간의 콘셉트를 각인시켰다.

사진 | 글로우서울

등이 달려 있다. 마찬가지로 청수당의 대나무도 그것이 제한된 공간 안에 빽빽하게 심겨 있고, 거기에 등이 빼곡히 달려 있었기에 입구의 그런 운치를 연출할 수 있었다. 만약 대나무만이라면 담양의 '죽녹원(竹綠苑)' 등 여러 죽림의 사례가 있었겠지만, 거기에 대나무 등을 무한 반복해 거는 방식이 청수당의 독특한 풍광을 만든 것이다. 그것이 공간을 만드는 사람의 눈에는 과해 보일 수 있지만, 그 상업 공간을 처음 들르는 사람의 눈에는 전혀 과한 것이 아니다. 상업 공간의 기획이 다른 공간에 비해 달라야 하는 까닭이 거기에 있다.

체험의 극대화와 완벽한 세계관 구현

콘셉트의 극단적인 추구와 오브제의 반복 등 공간 기획 시 유념해야 할 점들은 오프라인 공간만이 줄 수 있는 시각적 체험과 관련이 있고, 오프라인 공간이 가질 수 있는 중요한 강점이 된다. 이렇게 강렬한 무언가를 체험하게끔 만드는 것이 앞으로 오프라인 상업 공간의 핵심으로 자리 잡을 것이다. 마찬가지로 온라인을 통한 구매와 유통의 규모가 점점 커진다고 가정했을 때, 미래에는 오프라인 매장 또한 직접적인 판매와 구매가 일어나는 공간이기보다는 상품과 브랜드를 체험하는 공간으로 활용될 가능성이 높다.

그런 공간 활용의 추세를 보여주는 것이 바로 브랜드 팝업 체험관이다. 더현대서울이나 여타의 백화점에서 사람들의 이목을 많이 끌고 인기가 높은 공간이 그런 팝업형 체험 공간이다. 가령 앞에서 이야기했던 경기도 의왕시의 롯데프리미엄아울렛 타임빌라스에는 '시몬스 침대'의 체험공간이 입점해 있는데, 거기에는 제품 판매를 위한 진열 공간은 아예 없고, 대신 제품이 어떻게 만들어지는지 보여주고 다양한 매트리스에 누워서 안락함을 체험하게 하는 '시몬스 파크' 형태의 공간이 구성되어 있다. 그런 식으로 찾아온 고객들에게 흥미를 유도하면서, 결과적으로 매트리스 구매를 유도하는 전략을 취하고 있다.

제품이 아닌 체험을 파는 곳

이런 전략을 내세운 공간들이 만들어지는 이유는, 앞서 말했듯 이미 구매와 유통의 많은 지분을 온라인이 점유한 상황이기 때문이다. 실제로 많은 브랜드들이 아예 오프라인 매장을 운영하지 않고 온라인으로만 판매하는 경우가 늘고 있다. 수많은 전자제품의 예가 그러하고, 자동차 또한 대리점의 숫자가 많이 줄어든 상태다. 그 대신 많은 브랜드에서 오프라인 팝업 스토어를 열어 제품을 홍보하는 경우가 늘고 있다. 결국 어떤 품목들은 인터넷 이미지를 넘어 실제로 와서 만져보고 경험하는 것이 중요한 까닭이다. 이처럼 줄어든 온라인 비중에 비추어 체험형 스토어의 존재가 그만큼 더 필요해질 것 같은데, 오프라인 판매 매장이 없어진 만큼 체험형 오프라인 공간이 확 증가한 것 같지는 않다.

여기에는 여러 이유가 있을 텐데, 우선 기존의 체험형 스토어가 고객 체험에 충분히 집중하지 못한 결과가 아닐까 싶다. 그리고 그 이유들 중 하나는 대부분의 체험형 오프라인 공간들이 그야말로 비상설로 운영되는 팝업의 형태를 띠기 때문이다. 비상설 공간이다 보니 되도록 비용을 아껴 방송용 스튜디오처럼 만들게 되고, 따라서 실제로 가보면 세트장처럼 조악하기 짝이 없는 공간이 연출되기 쉽다. 한 달 동안 운영하는 팝업 스토어라면 떼어낼 것을 염두에 두어 최대한 값이 싼 오브제를 집어넣고, 금방 붙였다 뗄 수 있는 간이 소재를 비치하게 되니, 공간의 완성도는 자연히 낮아질 수밖에 없다. 더구나 단기간에 부동산을 빌려서 팝업 스토어를 꾸미면, 거기에 새로 건물을 올리는 건설비가 마케팅 비용에서 큰 비중을 차지하게 되고, 자연히 제한된 비용 안에서 공간의 퀄리티는 더 낮아지는 악순환을 겪게 된다.

가령 삼성전자에서 자사의 주력 상품인 스마트폰을 홍보하는 팝업 스토어를 익선동에 만들었는데, 팝업 스토어가 들어선 곳은 건물이 없는 나대지(裸垈地)였다. 행사를 몇 달만 한다 해도 일단 건물은 지어야 하니까 건축비가 나가고, 그마저도 철근 콘크리트로 멋있는 현대식 건물을 지을 수는 없으니 어쩔 수 없이 간이 건물을 짓게 된다. 또한 아무리 건설비를 아낀다 해도 들 돈은 다 드는 것이, 건축비의 특성상 간이 건물이라 해도 원래 평당 600만 원 들 것이 400만 원으로 줄어드는 정도지 100만 원으로 확 절감할 수 있는 것이 아니기 때문이다. 거기다 그 안에 냉난방기도 설치하면 이미 상당한 비용이 날아간 후다. 그러고 나면 공간 내부를 정비하고 단장할 여력은 거의 없게 마련이다.

결국 이 팝업 스토어는 홍보하려는 제품의 중요도에 비해 상당히 아쉬운 수준의 인테리어로 마감되고 말았고, 그런 공간이 그 브랜드에 대해 뾰족하게 좋은 체험으로 연결되었을 것 같지는 않다. 이렇게 비용은 비용대로 들고 효과는 얻기 어렵다면 기업의 입장에서는 돈 낭비에 불과할 것이다. 그렇다면 체험형 스토어를 보다 효과적으로 운영하는 방법은 무엇일까?

스타일이 아니라 퀄리티가 중요하다

방법은 여러 가지가 있다. 제품을 한 시즌만 팔고 말 게 아니라면, 비상설이 아닌 특정 브랜드나 아이템을 위한 전문 상설 브랜드 스토어를 만드는 기획을 해볼 수 있다. 상설로 만든다면 팝업 스토어를 매번 만들고 철거하고 하는 데 들어가는 비용으로 훨씬 퀄리티 있는 공간을 만들 수 있을 것이다. 가령 팝업 스토어에 소요되는 마케팅 비용이 월 2억씩 3개월을 들여 6억 정도라고 가정해보자. 만약 그 공간을 뜯지 않고 3년간 유지할 경우 동일한 6억을 써도 월 2,000만 원만 쓰는 셈이 된다. 혹은 오프라인 공간에 사용하는 마케팅 비용이 월 2억이라고 할 때 브랜드 체험관을 3년 동안 유지한다고 가정하면, 3년간 쓸 수 있는 비용은 총 72억이 된다. 그 72억으로 상설 브랜드 스토어에서 뭔가를 구현한다고 한다면, 비상설 공간일 때와는 비교도 할 수 없을 만큼 좋은 걸 만들 수 있을 것이고, 그것으로 고객들에게 놀라운 경험을 선사하고 브랜드 가치를 높이는 결과를 창출할 수 있을 것이다.

실제로 젠틀몬스터의 경우 브랜드 스토어를 그런 식으로 운영한다. 실제 매출은 온라인 혹은 면세점에서 대부분 발생하는 대신, 백화점이나 쇼핑몰의 브랜드 스토어는 젠틀몬스터에서 이렇게 특이한 공간을 운영한다는 인상을 주는 데 집중함으로써 브랜드를 홍보하는 기능에 충실한 공간으로 기획한다. 그리고 그런 목적의 공간임에도 팝업이 아닌 상설 매장이기 때문에 자연히 몇 억 원짜리 로봇이나 키네틱 아트를 설치할 수 있는 것이다.

아니면 팝업 스토어라고 해도 일반 매장에 뒤지지 않는 고퀄리티의 공간을 제작하는 방법을 생각해볼 수도 있다. 성수동의 디올 팝업 스토어가 그 예인데, 누가 봐도 일반 매장을 냈다고 생각할 정도로 아낌없는 비용을 투자해 제대로 된 공간을 구현해냈다.

이러한 몇 가지 방법을 통해 완벽한 세계관을 구현하는 것은 곧 이용객들이 체험하는 공간과 브랜드의 인상을 결정하는 중요한 요소가 된다. 스타일과 장르의 우열은 없어도 클래스는 존재하는 것처럼, 유행하는 스타일을 좇을 것이 아니라 어떤 스타일이든지 그 공간의 퀄리티와 클래스를 끌어올려 어떻게 하면 사람들에게 더 만족스러운 공간 경험을 선사할 수 있을지를 고민해야 한다. 덕분에 이곳에는 사람들의 발길이 끊이지 않는다.

어떤 상황에서도 한 장르가 모든 건축계를 제패했던 적은 없다. 북유럽풍이 10년 넘게 대세였던 때에도 자세히 보면 맥시멀하거나 레트로하거나 뭔가 그 안의 다른 스타일들이 동시에 작동해

왔고, 모든 공간을 다 북유럽풍으로 해야 성공할 수 있었던 적은 없다. 마치 영화의 경우 어떤 특정 장르가 선풍적으로 인기를 끌었던 적은 있지만 결국은 봉준호 감독이나 박찬욱 감독처럼 자신의 스타일에서 끝장을 보는, 그리하여 자신이 곧 장르가 된 사람이 살아남았던 것처럼, 유행을 좇는 것이 아니라 자신의 스타일에서 완벽한 세계관을 다듬어내는 데 근접한 공간일수록 미래에도 살아남는 공간이 될 것이다. 그렇게 구현된 완벽한 세계관과 그 세계관이 주는 완성도는 곧 그 공간에 대한 이용객의 몰입과 연결되고, 그런 몰입은 곧 오프라인 상업 공간만이 선사해줄 수 있는, 온라인 콘텐츠가 대신 충족시켜줄 수 없는 체험과 연결되기 때문이다.

거기에는 그만큼 오프라인 공간에 대한 기대와 공간에 몰입하는 데 대한 기대치가 예전보다 훨씬 높아졌다는 사실이 자리하고 있다. 그 공간이 어떤 스타일인지는 별로 중요한 요소가 아니다. 어떤 스타일이 되었건 그 세계관 안에 들어온 사람이 그곳에 머무는 시간 동안 온전히 그 세계에 있는 듯한 느낌이 들게 하는 것이 중요하다. 그리고 그 정도로 구현된 공간이 만들어질수록 사람들은 기꺼이 그곳을 방문하고, 그곳에서 아낌없이 돈을 쓸 것이다.

글로우서울의 매장들도 주로 그런 완벽한 세계관의 구현을 염두에 둔다. 30분 만에 갈 수 있는 교토, 30분 만에 갈 수 있는 방콕, 30분 만에 갈 수 있는 자연 휴양림, 이런 것들을 콘셉트로 두고 매장의 입구 하나만 지나면 그 공간으로 온전히 빠져들 수 있게끔 구성한다. 그것이 바로 앞으로 살아남을 오프라인 공간의 법칙이자 사람들이 오프라인 공간으로만 느낄 수 있는 차별화된 체험이다.

홍콩 노포 분위기의 '창창' 내부와 외부 전경. 오프라인 공간을 찾은 이용객들에게 온라인에서는 만족할 수 없는 강렬한 체험을 제공하기 위해서는 몰입도를 높일 수 있는 세계관의 구현이 필수적이다. 즉, 공간을 향유하는 사람들이 온전히 그 세계에 있다고 느끼게 하는 것이 가능한가 하는 점이 성공과 실패를 가르게 된다. 글로우서울이 기획한 여러 공간이 특정한 세계를 완벽하게 만들어내기 위해 노력하는 이유가 바로 여기에 있다. **사진 |** 글로우서울

시간의 가치, 오프라인 공간의 시성비

아무리 지금이 온라인이 대세가 된 시대라지만, 아직도 오프라인 비즈니스에 몸 담고 있는 사람들의 수가 압도적으로 많다. 노동 시장을 기준으로 보면 넷플릭스나 구글 본사 사옥에서 청소하는 사람들까지 모두 온라인 기업 종사자에 넣는다 해도, 온라인 기업에 고용된 노동자들은 전체 노동자 인구의 10%가 채 되지 않을 것이다. 나머지 90%의 노동자들은 여전히 오프라인에 기반한 플랫폼 및 비즈니스와 관련된 일을 하는 경우가 대부분이고, 구매 또한 여전히 거기에서 발생하고 있다. 그렇기에 핫플레이스를 만들고 싶다는 니즈는 어느 특정한 기업이나 집단의 니즈가 아니라, 오프라인 비즈니스에 몸담고 있는 사람들이 보편적으로 갖고 있는 욕망이다. 오프라인 공간을 활용한 비즈니스가 성공하는 가장 빠른 지름길이 핫플레이스가 되는 것이기 때문이다.

실제로 핫플레이스를 원하는 업종은 비단 F&B를 떠나 의류나 패션, 화장품 등 모든 품목의 리테일들, 그 밖에 전시나 공연 등 오프라인 공간에서 펼쳐지는 모든 업종에 걸쳐 있다. 심지어는 온라인 기업으로 분류될 게임 회사들도 자신들의 브랜드 스토어를 힙플레이스로 만들어 달라는 요청을 해온다. 어떻게 보면 오프라인 공간을 통해 고객들에게 보다 직접적인 체험을 줄 수 있는 지분이 여전히 존재하는 셈이다.

높아지는 시간의 가치를 만족시키는 공간

한편으로, 오프라인 콘텐츠는 십중팔구 온라인 콘텐츠보다 그것을 즐기는 데 더 많은 돈이 들어갈 가능성이 높다. 따라서 오프라인 콘텐츠는 온라인 콘텐츠의 가성비, 즉 가격 대비 성능을 절대 따라잡지 못할 것이다. 〈아바타〉의 판도라 외계 위성도 몇 만 원이면 아이맥스로 즐길 수 있지만 그조차도 값이 비싸다는 의견이 많은 상황이다. 하지만 온라인으로는 단돈 몇 만 원으로 외계 여행을 갈 수 있지만, 실제로 화성에 한 번 갔다 오려면 억 단위로 돈을 내도 가기 어려울 것이다. 마찬가지로 편안한 호텔 라운지 음악 베스트 영상을 보면서 집에 하루 종일 앉아 있는 데 드는 비용과 실제로 호텔에 가서 객실이나 다른 부대시설에 머무는 데 드는 비용이 같을 리는 만무하다.

　이처럼 거의 모든 오프라인 콘텐츠가 온라인 콘텐츠보다 훨씬 비싸기 마련이고, 오프라인이 온라인에 가성비로 이기는 것은 절대로 불가능하다. 그렇기에 오프라인 공간이 앞으로 노려야 할 것은 '시성비(時性比)', 즉 고객의 시간 대비 공간이 줄 수 있는 효용의 비율이다.

　오늘날 소비 수준이 올라가고 노동하는 시간 외의 여가 시간의 가치가 점점 중요해지면서, 열심히 일한 후에 남는 내 귀중한 시간을 좀 더 퀄리티 있는 경험들로 채우고 싶은 욕망이 강해졌고, 이러한 욕망은 앞으로 더욱 늘어날 것이다. 가령 다음 주말에 모처럼 호캉스를 즐기려고 한다고 치자. 그랬을 때 1박에 60만 원을 주고 신라호텔을 가는 옵션과 1박에 20만 원으로 신라 스테이를 가는 옵션이 있다. 방 크기는 비슷하지만 신라호텔에는 더 좋은 서비스와 더 좋은 이큅먼트와 부대시설, 더 좋은 수영장과 피트니스와 사우나 등이 존재한다. 그럴 때 40만 원을 아껴 신라 스테이에 가는 사람들보다 신라호텔을 선택하는 사람들이 이전보다 많아지고 있다. 이는 40만 원의 차이 따위 아랑곳하지 않는 부자들이 늘어나서가 아니다. 실제로 40만 원이든 400만 원이든 4,000만 원이든 상관없을 만큼 자산이 많은 사람이 얼마나 되겠으며, 그 사람들의 비중이 그렇게 단시간에 늘었을 리도 없다.

　그럼에도 불구하고 신라호텔을 선택하는 사람이 예전보다 많아지는 이유는 내 황금 같은 여가 시간을 좀 더 퀄리티 있는 장소와 거기서 누릴 수 있는 좋은 체험으로 채우고 싶은 사람들의 숫자가 늘었기 때문이다. 내 주말의 가치는 경우에 따라 60만 원을 지불해도 아깝지 않을 수 있다는 것이다. 만약 내가 만족도가 낮은 공간에서 주말을 허비했다는 생각이 들면, 그 시간에 해당될 60만 원이 넘는 가치의 시간을 날려보낸 셈이 된다. 그런 의미에서 더 비싼 비용을 지불하더라도 주말을 만족스럽게 보내는 편이 좋은 선택이 될 수 있다. 그만큼 나의 주말과 나의 시간이 소중해진 시대가 된 것이다.

이것은 단순히 신라 스테이보다 신라호텔이 더 좋은 선택이라는 뜻이 아니다. 예전에 비해 사람들이 자신의 여가 시간을 소중하게 생각하는 현상이 늘어나고 있고, 그 시간을 확보하고 그것을 알차게 쓰는 데에 많은 관심을 기울이고 있다는 사실을 주목해야 한다는 뜻이다. 소중한 시간을 잘 보내고 더 높은 만족도를 느끼기 위해 더 많은 비용을 지불할 의사가 생기고, 그에 따른 비용은 내가 물리적으로 두 배 만족했으니 두 배를 지출하는 것을 넘어, 두 배의 만족을 위해 그 이상의 돈도 지불할 수 있는 용의가 점점 더 생겨나고 있다는 것이다.

따라서 오프라인 공간이 온라인에 비해 현격히 낮은 가성비를 지니는데도 불구하고, 오프라인 공간을 체험하는 사람이 지닌 시간의 가치를 놓고 보았을 때, 즉 시성비의 차원에서는 오프라인 공간이 더 많은 돈을 내고 즐길 만한 곳이 될 수 있는 것이다. 내 귀한 시간을 더 알차게 보내기 위해, 모처럼 몸을 일으켜 어떤 괜찮은 장소에 일부러 들러 그 공간이 주는 만족감을 만끽하기 위해, 사람들은 오프라인 공간을 찾는다. 그렇다면 상업 공간은 고객들이 자기 시간을 할애해 그곳에 찾아왔을 때 기대한 어떤 것을 마땅히 제공해주는 공간이 되어야 한다.

이렇듯 앞으로 살아남을 상업 공간은 고객의 시간을 잡는 데 성공하는 공간이어야 한다. 고객이 들인 시간의 가치에 걸맞은, 감동적이고 만족스럽고 행복하고 기억에 남는 공간 체험을 선사해주는 것, 그것이 오프라인 공간이 앞으로 해야 할 일이다. 시간의 가치에 값할 공간, 앞에서 열거한 모든 살아남는 공간의 법칙들은 바로 그를 위한 것이다.

상업 공간의 진화,
양적인 효율에서 질적인 경쟁력으로

글로우서울 창업을 계기로 공간 기획과 건축에 뛰어들었지만, 나는 건축 전공자가 아니다. 나의 학부 전공은 우주과학이고, 졸업 후 직원을 손가락으로 꼽을 수 있는 작은 스타트업에서 대기업까지 다양한 조직에서 일을 했다. 역설적이게도, 오프라인이 마치 존재하지도 않는 듯 여기는 시장과 사업에 몸담다가, 거꾸로 오프라인 관련 비즈니스에 손대게 된 셈이다. 그런데 양쪽 분야에 종사하는 사람들과 그들의 사업 관행을 살펴보니 마치 다른 세계에 있는 것 같았다. IT에 종사하는 사람들은 오프라인 공간 따위는 필요 없고 온라인이 세상의 전부인 것처럼 움직이고 있고, 반대로 오프라인 비즈니스 종사자들은 IT에 대한 개념 없이 너무도 구시대적이고 아날로그적인 방식으로 일하고 있는 느낌이었다.

사업을 할 때 미래를 내다보는 것은 무척이나 중요하다. 글로우서울이 공간 솔루션 기업을 표방한 것도 그런 이유에서였다. 글로우서울은 익선동에 위치한 4곳의 F&B 매장을 여는 것에서 시작했다. 그리고 다행히도 유의미한 결과를 얻었을 시점에, 거기서 계속 F&B 매장을 늘리는 방향으로 갈 수도 있었겠지만 나는 더 큰 꿈과 비전을 그리고 싶었다. 주식 시장에서 F&B 전문 기업은 보통 높은 PER(주가수익비율)로 평가받지 못한다. 주가가 기업의 미래가치를 포함한 지표임을 생각할 때, 미래지향적인 산업이라는 인식을 그다지 주지 못하고 있는 셈이다. 그렇다면 기존에 성공시킨 매장들을 어떤 키워드로 묶을지가 관건이었고, 그때 공간 컨설팅과 공간 기획으로 기업의 방향을 잡은 것이다.

공간 개발과 관련된 기존의 업체들은 이미 많은 상황이었는데, 거기서 글로우서울이 차별화하려고 했던 것은 바로 온라인에 대비하여 오프라인 공간을 어떻게 기획할까에 대한 문제의식이었다. 온라인을 의식한다는 것은 곧 온라인의 지분이 더 확장될 것이 분명한 미래를 내다본다는 뜻이고, 미래에 오프라인 비즈니스가 나아가야 할 방향을 염두에 둔다는 뜻이 된다. 내가 볼 때 당시 공간과 건축 업계에서 그 지점을 제대로 고민하는 사람은 드물었다. 일견 반짝하는 유행을 따라 이리저리 빠르게 좇는 사람들은 종종 있는 반면, 시대의 흐름을 읽고 자기가 가야 하는 방향의 큰 그림을, 즉 오프라인 공간의 미래를 바라보고 그것을 기획하는 사람들은 드물어 보였다. 그런 시각 없이 매번 생겼다 없어질 유행을 좇는 것은 한도 끝도 없는 일이다.

　만약 오프라인 상업 공간이 정말 유행에 따라 모든 것이 결정되는 비즈니스라면, 방법은 두 가지뿐이다. 유행하는 아이템을 잡은 다음 그 아이템의 수명이 오래 갈 수 있게 전국에 매장 네다섯 개만 유지하는 과점 형태로 운영하는 것이다. 아니면 유행이 빠르게 소모될 것을 감수하고 한 아이템을 두고 저렴한 단가를 유지한 채 최대한 많은 매장을 열어 단기간에 이윤을 흡수하고 빠지는 방법도 있다. 결국 파이가 정해진 상황에서, 볼륨을 늘리고 가격을 낮출 것인지, 아니면 가격을 높이면서 볼륨을 낮출 것인지의 선택지밖에 주어지지 않는 셈이다. 그 말인즉슨 규모를 키우면서 클래스의 퀄리티를 동시에 유지하는 길은 애초에 불가능한 것이다.

　그런데 유행 너머의 어떤 흐름에 주목할 경우, 이 두 가지를 모두 성취할 수 있을 것 같다는 생각이 들었다. 성장하는 시장에서는 그 둘을 모두 쟁취할 수 있는데, 가령 전기자동차의 예가 그렇다. 내연기관 자동차가 없어지는 것이 이미 정해진 미래에 가까울 때 기존에 없었던 제품인 전기자동차 시장의 미래 전망과 성장 동력은 장밋빛일 것이다. 그럴 때 그런 미래의 제품을 만드는 데 필요한 배터리를 만드는, 이를테면 공간 비즈니스계의 LG에너지솔루션 같은 회사가 되자는 것이 당시에 정한 글로우서울의 방향이었다. 오프라인 상업 공간들이 미래형 공간으로 전환할 수 있도록 돕는 공간 솔루션 비즈니스를 열겠다는 포부였다.

　또한 이 책의 주된 내용 중 하나는, 여러 오프라인 공간들 중에 상업 공간에 특화된 공간 기획이 꼭 필요하다는 것이다. 이것은 공간 관련 사업을 하는 비전공자의 입장에서 건축 전공자들을 만났을 때 주로 느꼈던 문제의식이다. 건축 전공자들 중에 상업 공간의 기능과 역할과 용도를 의식하고 공간을 만드는 사람을 많이 만나지 못했다. 그 차이가 어디에서 오는지를 고민해봤을 때, 건축과에서는 주로 실내 건축이든 실외 건축이든 주거 공간인 '집'을 건축의 가장 기본적인 단위로 상정하고 커리큘럼이 짜인 경우들이 많다. 그러다 보니 상업 공간을 위한 전용 솔루션에 대한 관심은 상대적으로 적은 경우를 종종 목격했다. 그래서인지 상업 공간에 특화된 공간 기획자와 설계자 가운데에는 오히려 나 같은 비전공자들이 많다. 파주의 '더티트렁크'를 만든 CIC FNB의 김왕일 대표라든가, '런던 베이글 뮤지엄'을 만든 비주얼 디렉터도 건축·인테리어 전공자가 아니다. 그저 자기가 좋아하는 취미나 힙한 공간에 대한 생각을 가지고 공간을 만들었을 때 사람들이 그 공간에 열광하는 현장을 자주 엿볼 수 있었다.

　　자연과 인공의 경계 지우기를 적극적으로 구현한 글로우서울의 '청수당'의 경우도, 평소에 생태학과 지구의 기후 및 식생에 대한 개인적인 관심이 있었기 때문에 그런 공간을 비교적 쉽게 구현할 수 있었다. 만약 그런 공간을 만드는 데 필요하다는 사업상의 이유로 뒤늦게 공부했다면 그렇게까지 깊이 알지 못했을 것이다. 매장 안에 냇가를 구현하는 노하우 또한, 수중 생태에 대한 지식이 필수적으로 요구되는 수초 어항 만들기라는 취미, 즉 '물생활'을 통해 얻은 것이다. 그렇게 그 분야의 마니아들은 알지만 건축 전공자나 시공업사들은 오히려 모를 수 있는 부분들이 내가 공간을 선계하고 기획할 때 큰 힘이 되었다.

　나아가 단순히 개인적인 취미와 관심의 영역을 넘어서, 오프라인 상업 공간의 기획과 비즈니스 안에서 돌고 도는 유행이 아니라 어떤 법칙을 포착하는 것은 사업적인 측면에서 매우 중요했다. 이건 내가 우주과학을 전공한 사람이어서 그렇기도 하지만, 기업은 나 혼자 잘하는 게 중요한 것이 아니라 나와 똑같은 퍼포먼스를 낼 수 있는 사람을 20명, 30명, 100명을 만들 수 있느냐에 따라 사업의 퀄리티와 범위가 정해진다고 생각했기 때문이다. 따라서 오프라인 상업 공간이 나아갈 방향과 거기에 적용되는 법칙들을 설득력 있게 정리하여 그것을 직원들에게 알리고, 이를 기업 내에 시스템으로 만들어 적용하는 것이 무엇보다 중요했다.

　이 책에서 계속 강조했던 유휴 공간을 확보하는 '6대 4의 법칙', 그 공간의 원더를 만드는 '선택과 집중의 법칙', 그 원더를 가급적 중앙에 움직이는 형태로 넣는 '차원 진화의 법칙', 공간의 층고를 높이는 '최대 부피의 법칙' 등은 모두 건물의 연면적을 줄이는 방식이고, 연면적을 최대한 확보하던 기존의 방향과는 배치되는 것이다. 하지만 앞에서 얘기한 대로, 살아남는 상업 공간의 법칙을 따를 경우 면적의 양적 효율은 줄어들지라도 그 공간이 지닌 질적 효율은 늘어난다.

　현재 우리는 과거처럼 면적의 양적 효율이 중요하지 않은 시대에 살고 있고, 그 공간을 찾은 사람들이 느끼는 만족감의 총합이 더 중요한 시대가 되었다. 그런 시대에 맞는 상업 공간을 만들고 향유하기 위해서는 공간에 대한 기존의 통념을 바꿔야만 한다. 그것이 내가 온라인 시대에 여러 오프라인 상업 공간을 성공시키면서 얻은 교훈이다.

끝으로, 이 모든 법칙은 '케바케, 사바사(케이스 바이 케이스, 사람 바이 사람)'이다. 모든 공간은 각자 특성이 있고 이를 소유하고 이용하는 사람에 의해서도 엄청난 차이가 있다. 이에 일률적으로 적용할 수 있는 법칙 따위는 존재하지 않을 것이다. 게다가 이 법칙들은 옳고 그름을 가르는 정언 명법과 같은 것이 아니며 현 시대를 살아가는 세대들의 선호가 움직이는 방향성을 잘 나타내는 공간들의 특성을 수집한 귀납법에 불과하다. 따라서 귀납법의 근거가 된 수많은 현상들이 바뀌면 언제든 수정되거나 폐기되고 새로운 법칙이 등장하리라 믿는다. 다만 나 스스로는 트렌드의 변화를 따라가기 급급하기보다 그 변화를 이끌어내는 사람이고 싶을 뿐이다.

흔히 '다가오는 미래'라는 표현을 많이 쓰는데, 나는 이 말을 내켜하지 않는다. 미래는 가만히 있는 우리 곁에 다가오는 것이 아니라 우리가 스스로의 발걸음으로 '다가가야 하는' 곳이라 생각한다. 그렇지 않고 다가오는 것을 수동적으로 기다릴 경우 '다가올 미래'는 결코 우리가 원하는 모습은 아닐 것이다.

우리는 공간에 살고 있다. 프로 건축가이든, 내 가게 혹은 내 집 마련이 꿈인 사람이든 이 시대를 살아가는 모든 사람들에게 더 나은 공간을 제공하는데 이 책이 도움이 되길 바라며 글을 마친다.

있는 공간, 없는 공간

2023년 6월 20일 초판 1쇄 | 2023년 9월 8일 10쇄 발행

지은이 유정수
펴낸이 박시형, 최세현

책임편집 강소라
마케팅 권금숙, 양근모, 양봉호, 이주형　**온라인홍보팀** 신하은, 현나래
디지털콘텐츠 김명래, 최은정, 김혜정　**해외기획** 우정민, 배혜림
경영지원 홍성택, 김현우, 강신우　**제작** 이진영
펴낸곳 (주)쌤앤파커스　**출판신고** 2006년 9월 25일 제406-2006-000210호
주소 서울시 마포구 월드컵북로 396 누리꿈스퀘어 비즈니스타워 18층
전화 02-6712-9800　**팩스** 02-6712-9810　**이메일** info@smpk.kr

쌤앤파커스(Sam&Parkers)는 독자 여러분의 책에 관한 아이디어와 원고 투고를 설레는 마음으로 기다리고 있습니다. 책으로 엮기를 원하는 아이디어가 있으신 분은 이메일 book@smpk.kr로 간단한 개요와 취지, 연락처 등을 보내주세요. 머뭇거리지 말고 문을 두드리세요. 길이 열립니다.